《蘇州全書》編纂出版委員會 編

·皇明臣略纂聞

蘇州全書

甲編

蘇州大學出版社
古吳軒出版社

圖書在版編目（CIP）數據

皇明臣略纂聞 /（明）瞿汝説輯 . -- 蘇州：蘇州大學出版社：古吳軒出版社，2024.6
（蘇州全書）
ISBN 978-7-5672-4795-6

Ⅰ . ①皇… Ⅱ . ①瞿… Ⅲ . ①兵法—中國—明代
Ⅳ . ① E892.48

中國國家版本館 CIP 數據核字（2024）第 088187 號

責任編輯 劉 冉
助理編輯 朱雪斐
裝幀設計 周 晨 李 璇
責任校對 汝碩碩

書　　名 皇明臣略纂聞
輯　　者 〔明〕瞿汝説
出版發行 蘇州大學出版社
地址：蘇州市十梓街1號　電話：0512-67480030
古吳軒出版社
地址：蘇州市八達街118號蘇州新聞大厦30F　電話：0512-65233679
印　　刷 常州市金壇古籍印刷廠有限公司
開　　本 889 × 1194　1/16
印　　張 60
版　　次 2024 年 6 月第 1 版
印　　次 2024 年 6 月第 1 次印刷
書　　號 ISBN 978-7-5672-4795-6
定　　價 420.00 元（全二册）

《蘇州全書》編纂工程

總主編

劉小濤　吳慶文

學術顧問
（按姓名筆畫爲序）

王　芳　王　宏　王　堯　王　鍔　王紅蕾　王華寶　王爲松　王衛平
王餘光　王鍾陵　朱棟霖　朱誠如　任　平　全　勤　江慶柏　江澄波
汝　信　阮儀三　杜澤遜　李　捷　吳　格　吳永發　何建明　言恭達
沈坤榮　沈燮元　武秀成　范小青　范金民　茅家琦　周　秦　周少川
周國林　周勛初　周新國　胡可先　胡曉明　姜　濤　姜小青　韋　力
姚伯岳　馬亞中　袁行霈　華人德　莫礪鋒　徐　俊　徐　海　徐　雁
徐惠泉　徐興無　唐力行　陸振嶽　陸儉明　陳子善　陳正宏　陳尚君
陳紅彥　陳廣宏　黃愛平　黃顯功　崔之清　張乃格　張志清　張伯偉
張海鵬　葉繼元　葛劍雄　單霽翔　程章燦　程毅中　喬治忠　鄔書林
賀雲翱　詹福瑞　趙生群　廖可斌　熊月之　樊和平　劉　石　劉躍進
閻曉宏　錢小萍　戴　逸　韓天衡　嚴佐之　顧　薌

《蘇州全書》編纂出版委員會

前言

中華文明源遠流長，文獻典籍浩如烟海。這些世代累積傳承的文獻典籍，是中華民族生生不息的文脉和根基。蘇州作爲首批國家歷史文化名城，素有『人間天堂』之美譽。自古以來，這裏的人民憑藉勤勞和才智，創造了極爲豐厚的物質財富和精神文化財富，使蘇州不僅成爲令人嚮往的『魚米之鄉』，更是實至名歸的『文獻之邦』，爲中華文明的傳承和發展作出了重要貢獻。

蘇州被稱爲『文獻之邦』由來已久，早在南宋時期，就有『吴門文獻之邦』的記載。宋代朱熹云：『文，典籍也；獻，賢也。』蘇州文獻之邦的地位，是歷代先賢積學修養、劬勤著述的結果。明人歸有光《送王汝康會試序》云：『吴爲人材淵藪，文字之盛，甲於天下。』朱希周《長洲縣重修儒學記》亦云：『吴中素稱文獻之邦，蓋子游之遺風在焉，士之嚮學，固其所也。』《江蘇藝文志·蘇州卷》收録自先秦至民國蘇州作者一萬餘人，著述達三萬二千餘種，均占江蘇全省三分之一强。古往今來，蘇州曾引來無數文人墨客駐足流連，留下了大量與蘇州相關的文獻。時至今日，蘇州仍有約百萬册的古籍留存，入選『國家珍貴古籍名録』的善本已達三百一十九種，位居全國同類城市前列。其中的蘇州鄉邦文獻，歷宋元明清，涵經史子集，寫本刻本，交相輝映。此外，散見於海内外公私藏家的蘇州文獻更是不可勝數。它們載録了數千年傳統文化的精華，也見證了蘇州曾經作爲中國文化中心城市的輝煌。

蘇州文獻之盛得益於崇文重教的社會風尚。春秋時代，常熟人言偃就北上問學，成爲孔子唯一的南方弟子。歸來之後，言偃講學授道，文開吴會，道啓東南，被後人尊爲『南方夫子』。西漢時期，蘇州人朱買臣負薪讀書，穹窿山中至今留有其『讀書臺』遺迹。兩晉六朝，以『顧陸朱張』爲代表的吳郡四姓涌現出大批文士，在不少學科領域都貢獻卓著。及至隋唐，蘇州大儒輩出，《隋書·儒林傳》十四人入傳，其中籍貫吳郡者二人；《舊唐書·儒學傳》三十四人入正傳，其中籍貫吳郡（蘇州）者五人。文風之盛可見一斑。北宋時期，范仲淹在家鄉蘇州首創州學，並延名師胡瑗等人教授生徒，此後縣學、書院、社學、義學等不斷興建，蘇州文化教育日益發展。故明人徐有貞云：『論者謂吾蘇也，郡甲天下之郡，學甲天下之學，人才甲天下之人才，偉哉！』在科舉考試方面，蘇州以鼎甲萃集爲世人矚目，清初汪琬曾自豪地將狀元稱爲蘇州的土産之一，有清一代蘇州狀元多達二十六位，占全國的近四分之一，由此而被譽爲『狀元之鄉』。近現代以來，蘇州在全國較早開辦新學，發展現代教育，涌現出顧頡剛、葉聖陶、費孝通等一批大師巨匠。中華人民共和國成立後，社會主義文化教育事業蓬勃發展，蘇州英才輩出、人文昌盛，文獻著述之富更勝於前。

蘇州文獻之盛受益於藏書文化的發達。蘇州藏書之風舉世聞名，千百年來盛行不衰，具有傳承歷史長、收藏品質高、學術貢獻大的特點，無論是卷帙浩繁的圖書還是各具特色的藏書樓，以及延綿不絶的藏書傳統，都成爲中華文化重要的組成部分。據統計，蘇州歷代藏書家的總數，高居全國城市之首。南朝時期，蘇州就出現了藏書家陸澄，藏書多達萬餘卷。明清兩代，蘇州藏書鼎盛，絳雲樓、汲古閣、傳是樓、百宋一廛、藝芸書舍、鐵琴銅劍樓、過雲樓等藏書樓譽滿海内外，彙聚了大量的珍貴文獻，對古代典籍的收藏保護厥功至偉，亦於文獻校勘、整理裨益甚巨。《舊唐書》自宋至明四百多年間已難以考覓，直至明嘉靖十七年（一五三八），聞人詮在蘇州爲官，搜討舊籍，方從吳縣王延喆家得《舊唐書》『紀』和『志』部分，從長洲張汴家得《舊唐書》『列傳』部分，『遺籍俱出宋時模板，旬月之間，二美璧合』，于是在蘇州府學中槧刊，《舊唐書》自此得以彙而成帙，復行於世。清代嘉道年間，蘇州黄丕烈和顧廣圻均爲當時藏書名家，且善校書，『黄跋顧校』在中國文獻史上影響深遠。

蘇州文獻之盛也獲益於刻書業的繁榮。蘇州是我國刻書業的發祥地之一，早在宋代，蘇州的刻書業已經發展到了相當高的水平，至今流傳的杜甫、李白、韋應物等文學大家的詩文集均以宋代蘇州官刻本爲祖本。宋元之際，蘇州磧砂延聖院還主持刊刻了中國佛教史上著名的《磧砂藏》。明清時期，蘇州成爲全國的刻書中心，所刻典籍以精善享譽四海，明人胡應麟有言：『凡刻之地有三，吴也、越也、閩也。』他認爲『其精，吴爲最』，『其直重，吴爲最』。又云：『余所見當今刻本，蘇常爲上，金陵次之，杭又次之。』清人金埴論及刻書，仍以胡氏所言三地爲主，則謂『吴門爲上，西泠次之，白門爲下』。明代私家刻書最多的汲古閣、清代坊間刻書最多的掃葉山房均爲蘇州人創辦，晚清時期頗有影響的江蘇官書局也設於蘇州。據清人朱彝尊記述，汲古閣主人毛晉『力搜秘册，經史而外，百家九流，下至傳奇小説，廣爲鏤版，由是毛氏鋟本走天下』。由於書坊衆多，蘇州還産生了書坊業的行會組織崇德公所。明清時期，蘇州刻書數量龐大，品質最優，裝幀最爲精良，爲世所公認，國内其他地區不少刊本也都冠以『姑蘇原本』，其傳播遠及海外。

蘇州傳世文獻既積澱着深厚的歷史文化底藴，又具有穿越時空的永恒魅力。從范仲淹的『先天下之憂而憂，後天下之樂而樂』，到顧炎武的『天下興亡，匹夫有責』，這種胸懷天下的家國情懷，早已成爲中華民族精神的重要組成部分，傳世留芳，激勵後人。南朝顧野王的《玉篇》，隋唐陸德明的《經典釋文》、陸淳的《春秋集傳纂例》等均以實證明辨著稱，對後世影響深遠。明清時期，馮夢龍的《喻世明言》《警世通言》《醒世恒言》，在中國文學史上掀起市民文學的熱潮，具有開創之功。吴有性的《温疫論》、葉桂的《温熱論》，開温病學研究之先河。蘇州文獻中蘊含的求真求實的嚴謹學風、勇開風氣之先的創新精神，已經成爲一種文化基因，融入了蘇州城市的血脉。不少蘇州文獻仍具有鮮明的現實意義。明代費信的《星槎勝覽》，是記載歷史上中國和海上絲綢之路相關國家交往的重要文獻。鄭若曾的《籌海圖編》和徐葆光的《中山傳信録》，爲釣魚島及其附屬島嶼屬於中國固有領土提供了有力證據。魏良輔的《南詞引正》、嚴澂的《松絃館琴譜》、計成的《園冶》，分别是崑曲、古琴及園林營造的標志性成果，這些藝術形式如今得以名列世界文化遺産，與上述名著的嘉惠滋養密不可分。

維桑與梓，必恭敬止；文獻流傳，後生之責。蘇州先賢向有重視鄉邦文獻整理保護的傳統。方志編修方面，范成大《吳郡志》爲方志創體，其後名志迭出，蘇州府縣志、鄉鎮志、山水志、寺觀志、人物志等數量龐大，構成相對完備的志書系統。地方總集方面，南宋鄭虎臣輯《吳都文粹》、明錢穀輯《吳都文粹續集》、清顧沅輯《吳郡文編》先後相繼，收羅宏富，皇皇可觀。常熟、太倉、崑山、吳江諸邑，周莊、支塘、木瀆、甪直、沙溪、平望、盛澤等鎮，均有地方總集之編。及至近現代，丁祖蔭彙輯《虞山叢刻》《虞陽説苑》，柳亞子等組織『吳江文獻保存會』，爲搜集鄉邦文獻不遺餘力。江蘇省立蘇州圖書館於一九三七年二月舉行的『吳中文獻展覽會』規模空前，展品達四千多件，並彙編出版吳中文獻叢書。然而，由於時代滄桑，圖書保藏不易，蘇州鄉邦文獻中『有目無書』者不在少數。同時，囿於多重因素，蘇州尚未開展過整體性、系統性的文獻整理編纂工作，許多文獻典籍仍處於塵封或散落狀態，没有得到應有的保護與利用，不免令人引以爲憾。

進入新時代，黨和國家大力推動中華優秀傳統文化的創造性轉化和創新性發展。習近平總書記强調，要讓收藏在博物館裏的文物、陳列在廣闊大地上的遺産、書寫在古籍裏的文字都活起來。二〇二一年四月，中共中央辦公廳、國務院辦公廳印發《關於推進新時代古籍工作的意見》，確定了新時代古籍工作的目標方向和主要任務，其中明確要求『加强傳世文獻系統性整理出版』。盛世修典，賡續文脉，蘇州文獻典籍整理編纂正逢其時。二〇二二年七月，中共蘇州市委、蘇州市人民政府作出編纂《蘇州全書》的重大決策，擬通過持續不斷努力，全面系統整理蘇州傳世典籍，着力開拓研究江南歷史文化，編纂出版大型文獻叢書，同步建設全文數據庫及共享平臺，將其打造爲彰顯蘇州優秀傳統文化精神的新陣地，傳承蘇州文明的新標識，展示蘇州形象的新窗口。

『睹喬木而思故家，考文獻而愛舊邦。』編纂出版《蘇州全書》，是蘇州前所未有的大規模文獻整理工程，是不負先賢、澤惠後世的文化盛事。希望藉此系統保存蘇州歷史記憶，讓散落在海内外的蘇州文獻得到挖掘利用，讓珍稀典籍化身千百，成爲認識和瞭解蘇州發展變遷的津梁，並使其中藴含的積極精神得到傳承弘揚。

觀照歷史，明鑒未來。我們沿着來自歷史的川流，承荷各方的期待，自應負起使命，砥礪前行，至誠奉獻，讓文化薪火代代相傳，並在守正創新中發揚光大，爲推進文化自信自强、豐富中國式現代化文化内涵貢獻蘇州力量。

《蘇州全書》編纂出版委員會

二〇二二年十二月

凡例

一、《蘇州全書》（以下簡稱『全書』）旨在全面系統收集整理和保護利用蘇州地方文獻典籍，傳播弘揚蘇州歷史文化，推動中華優秀傳統文化傳承發展。

二、全書收録文獻地域範圍依據蘇州市現有行政區劃，包含蘇州市各區及張家港市、常熟市、太倉市、昆山市。

三、全書着重收録歷代蘇州籍作者的代表性著述，同時適當收録流寓蘇州的人物著述，以及其他以蘇州爲研究對象的專門著述。

四、全書按收録文獻内容分甲、乙、丙三編。每編酌分細類，按類編排。

（一）甲編收録一九一一年及以前的著述。一九一二年至一九四九年間具有傳統裝幀形式的文獻，亦收入此編。按經、史、子、集四部分類編排。

（二）乙編收録一九一二年至二〇二一年間的著述。按哲學社會科學、自然科學、綜合三類編排。

（三）丙編收録就蘇州特定選題而研究編著的原創書籍。按專題研究、文獻輯編、書目整理三類編排。

五、全書出版形式分影印、排印兩種。甲編書籍全部采用繁體竪排；乙編影印類書籍，字體版式與原書一致；乙編排印類書籍和丙編書籍，均采用簡體横排。

六、全書影印文獻每種均撰寫提要或出版説明一篇，介紹作者生平、文獻内容、版本源流、文獻價值等情況。影印底本原有批校、題跋、印鑒等，均予保留。底本有漫漶不清或缺頁者，酌情予以配補。

七、全書所收文獻根據篇幅編排分册，篇幅適中者單獨成册，篇幅較大者分爲序號相連的若干册，篇幅較小者按類型相近原則數種合編一册。數種文獻合編一册以及一種文獻分成若干册的，頁碼均連排。各册按所在各編下屬細類及全書編目順序編排序號。

皇明臣略纂聞

〔明〕瞿汝説 輯

據中國國家圖書館藏明崇禎八年（一六三五）瞿式耜刻本影印。

提要

《皇明臣略纂聞》十二卷，明瞿汝説輯。

瞿汝説（一五六五—一六二三），字星卿，號達觀。明常熟人，瞿景淳子。早年與瞿純仁、顧雲鴻、錢謙益輩讀書拂水岩下，名聞吳下。萬曆二十九年（一六〇一）進士，官至湖廣提學僉事。立朝以剛正聞。擢江西右參議，不赴。歸田後，仍留意經濟及本朝人物，築東皋草堂，編述不輟。著有《詩經世業》等。

《皇明臣略纂聞》十二卷，各卷皆在大題後標有小題『兵事類』。全書主要記述洪武迄萬曆歷朝名臣有關軍事建言及處置範例。卷一樞，記兵部決策；卷二籌，記軍餉、屯田、備邊諸事；卷三御，記禦敵及名將御軍諸事；卷四制，記制敵外夷；卷五攘，記攘外，備東倭西虜；卷六討，記討内外之亂；卷七擒，記遇敵設計智取；卷八弭，記弭兵；卷九捍，記捍賊、守城諸事；卷十柔、卷十一化，皆言懷柔之策；卷十二勳，記明朝開國功臣徐達、常遇春、李善長等常勝範例。

汝説曾廣搜本朝國史家乘、筆記文集，取洪武以來名臣有關軍國大事之嘉言懿行等，手自纂録，依人物官秩品級等編排，凡百餘卷。晚年心力殫瘁於此。天啓二年（一六二二），明軍遭遇西平堡大敗，舉國震驚。汝説亟取書分類重編，易名《朝野纂聞》，尤注意兵事，其中兵略部分裒輯而成《兵略纂聞》，亦即本書。故本書目録卷端即題作『兵略纂聞』，其子瞿式耜亦作『刻兵略纂聞述』。臨終前，囑瞿式耜續完，欲使文武將吏於國家多事之秋藉此書而知兵事。用心良苦，可見一斑。

傳世《皇明臣略纂聞》係崇禎八年（一六三五）瞿式耜刻本，卷首冠三序：崇禎八年錢謙益《兵略序》、錢繼登《國朝兵略序》及瞿式耜《刻兵略纂聞述》。《四庫全書》未收，傳本甚罕。本次影印以中國國家圖書館藏明崇禎八年瞿式耜刻本爲底本，原書框高二十二・六厘米，廣十四・五厘米。卷首鈐有『明善堂覽書畫印記』『安樂堂藏書記』『瞿氏補書堂所藏』諸印，爲清怡親王府及晚清名臣瞿鴻禨之子瞿兑之舊藏。

兵畧序

鄉先生叅議星卿瞿公博通掌
故蒐討國朝名卿大夫嘉猷偉
畧散在國史家狀者著皇明臣
畧凡若干卷其子給諫伯畧先

刻其兵畧以傳於世而屬余敘之給諫之意以謂時方多事文武將吏人不知兵是書也如醫之有方如奕之有譜庸醫可以診奇疾俗手可以當危局用以

東制奴西討賊庶幾克有成筭可以紓當宁之旰食乎余以為自古用武之世不患有盜賊不患無將帥所患者腐筭不一賞罰不明使盜賊乘其間而將帥

無以盡其用也以漢唐之已事徵之永壽延熹之閒用皇甫規張奐段熲爲將帥所向尅捷規奐兼主招而熲主討熲曲意宦官保全富貴規奐皆有功不得

封規前後上書求乞自效與上
疏自訟最爲切直其曰力求猛
敵不如清平勤明孫吴未若奉
法又曰覆軍有五動資巨億旋
車完封寫之權門其言至今可

爲殷鑒也由此觀之國家權倖用事先後失宜雖有三明之將亦將救過不暇安能奏蕩平之績哉唐之末季苟非南衙北司迭相矛楯九流濁亂君子道消

則黃巢輩何因而起巢初起纔及二萬經過數千里軍鎮盡若無人潼關一徑任其奔突賊安得不蔓延天下乎以鄭畋之壯圖令得主謀專斷何至以四鎮

序

之重盡付高駢之隻手闔河連犯都邑繼傾而坐受刮席輙道之訕然後悔之不已晚矣假節之議爭論喧呶舉棋不定誰執其咎然而拂衣投硯之盧攜視

末世之陰陽首鼠置國事於局外者吾以猶賢乎爾自古迄今有盜賊不患無將帥有將帥不患無方畧在漢則夷黃巾於黨錮在唐則小河朔於禁闈本末

較然豈不信哉以是書考之本
朝之敵王愾建國功者固已昭
旂常而勒景鍾矣舉其近者王
文成之有功江西中樞蚤爲之
計也胡襄懋之有功江南政府

力為之地也晉溪之忮分宜之貪其知人善任不可抹摋如岆謀國之效豈可誣哉給諫之刺是書也固曰為兵家之醫方奕譜而吾以為醫有上醫焉奕有

國工焉明主得其人而用之則端委廟堂而四海從風當虜寇交訌之日雖口不譚兵可矣杜牧有言議於庿廊之上兵形已成然後付之於將其為兵畧也

孰大焉起星卿于今日未必不
以余為知言為之擲筆而三嘆
也給諫以為何如
崇禎八年六月虞鄉老民錢謙
益序

國朝兵畧序

吾友瞿黃門起田至性忠孝人也維廢躓不忘君國每嘆今天下屬寇中外訌文武將吏磨盾席及二十餘年而

戡定無其人爰梓其先公星卿
先生所手輯國朝兵畧為當世
敎先生淹綜通亮昭代大儒胸
眼蒐羅上下数千百年人物輯
有古今主畧臣畧諸書兵畧其

一班也夫治必有亂有亂隨有
戡亂之材如一藥之待一病何
至古今人遠不相及如于肅愍
王文成韓襄毅戚定遠諸公獨
非今人哉始猶有解曰承平久

而人不知兵也令亦既磨盾席刄者二十餘年矣夫有智畧而後有方畧有方畧而後有膽畧取耳目不經嘗見之事試之竅腑未經洞徹之人猶策跛瞽者

以旋舞也而文貫甚者戰原野不如其戰玄黄之勇護營壘不如其護秘局之堅一欺盤胸五色迷眼矣奚其畧夫兵之有畧猶地之有水也水因地以制流

三

畧因敵以出變豈有嘗執而畧
以智生智以畧活單之牛臏之
竈淮陰之幟之囊千古兵家之
不食烟火者也而後世韜冑之
雄稍循而神明之往往以之成

功集事如王文成直走洪都以摧逆濠非燃滅竈之死灰乎戚大將軍狙習火器以闖倭營非吹火牛之餘焰乎韓襄毅羊屐芻偶以破大藤非樹未識之後

四

勤乎古人有智畧今人因以有
方畧前人有方畧後人因以生
智畧正如俞跗治病雖不以鑱
石撟引案扤毒熨而洞癥疏脉
未嘗不可以開俗醫之心眼而

起痼疾誠使令之弁冕者取是
編而究心焉何難北摧虜南盪
寇乃二十餘年寔勤當宁拊髀
之思乎雖然人才難兵材尤難
矣歟有獨歟學有專學而其人

五

當閒居無事之時先需數十年之獨研衆討祛鍊其神明無纖疑毫滯然後可以肯鋒汪而不失風雨至而不驚任其人者必無按痕掩嫮如王莊毅之破格

錄廢也而後韓襄毅得以見其
畧無策驥紲蹄如
先
朝景皇帝之任專倚重也而後
于肅愍得以展其畧無敦醫奪
劑如王晉溪之有求必應也而

後王文成得以盡其畧主畧遠
斯相畧明相畧明斯將畧勇星
鄉先生之先為臣主畧一書蓋
淵乎探其本矣
武水錢繼登撰

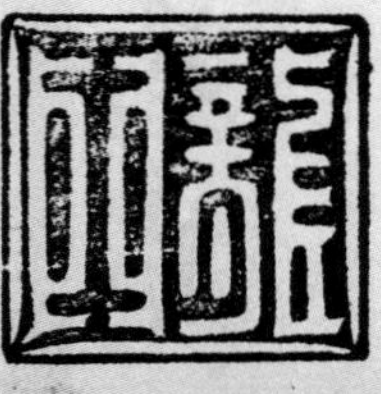

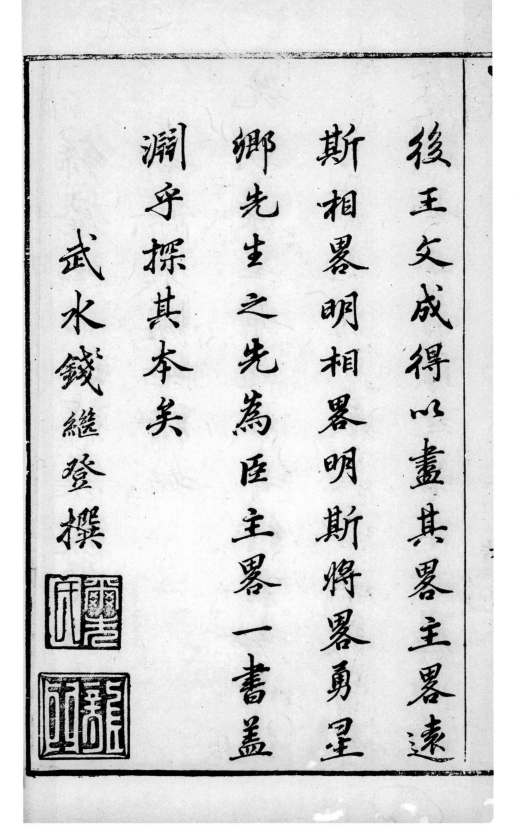

刻兵畧纂聞述

先君登朝十二年移病請告歸田十一年而卒當
神祖久安全盛之世而獨窺見奥窔于居
園之伏莽宫府之牙蘖及臣工内外之職守事
機緩急之湊會咸燭照井畫家居無事嘗思以
春秋左傳爲綱舉漢唐宋以来故事分類輯入

之爲目揔名曰前箸又竊取荆川唐氏之左編
刪蕪纂要思爲主畧臣畧等書而頭白汗青有
志未逮最後始留意本朝人物閎雷王之紀事
而嫌其冗敓陳薛之編年而惜其畧于是竊摟
國史旁羅家乘發凡起例編纂事蹟首開國文
武封爵次革朝靖難名臣次内閣次詞林次六

部次臺憲次卿寺次籓臬次郡縣其他急病讓
夷蹈義凌險匹夫之獨行委巷之艱貞亦次第
附焉凡為書百餘卷舉二百六十餘年旂常之
紀蹟顯晦之婞脩皆可循委而溯其源緣崖而
陟其巔矣戊己庚辛之交式耜令豐陽時接家
鄰未嘗一語及私惟時舉前輩某為某令于地

方之區畫若何兵荒之預計若何及應措之指顧若何輙服膺佩教以為如在膝前聞所未聞而已會建州難作先君雖家食累年而懷慭多壘因復取編輯諸書支分節解區類標目名曰朝野纂聞而尤注意于兵畧撮舉其老謀壯事呼吸應機者為國家緩急之濟庶幾韜鈐之萬

一焉爾拮据簡編積漸致疾癸未秋　不肖膺
命考選心動遄歸幸及侍于病榻前者三日手
一編而付之曰吾所未竟在是汝其圖之嗚呼
以式穀之不敏其何能負荷箕裘紹先志之萬
一捧書隕涕荼痛憑塞又何能為闡揚之地哉
惟念先君自幼攻苦老而好學蠅頭細字丙夜

三

不休昧爽窓前雙趺獨立當饑羼箸甫盥忘櫛出處一轍寒暑無間乃經綸未獲其展錯精血徒耗于編摩齎志千秋持忠入地若復弃其憂世苦心淪墜篋衍則為罪滋重用敢追維其經營之所亟先付梓人告諸當世之君子以明先君志事所在云爾

崇禎八年十月望日男式耜稽首謹識

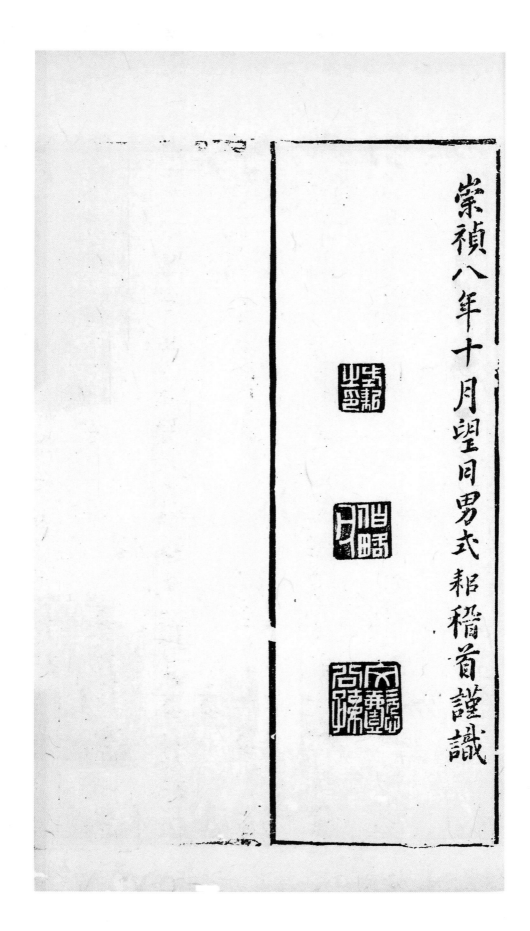

皇明兵畧纂聞目

皇明臣畧纂聞卷之一

江西右叅議前湖廣督學使常熟瞿汝説輯

兵事類

樞

太祖既定天下、恐中外將卒習於安逸、弛武藝、命兵部尚書樂韶鳳同省臺督府、定教練軍士法、公定議凡騎士必善馳射及用鎗刀、步兵必善弓弩及鎗、凡射十二箭、內六箭遠可到、近可中者、爲中式、并定賞罰、各有差、

洪武

仁宗即位、重南京根本地、曰張本特立不阿、首進南京兵部尚書、尋召掌行在兵部、宣德初、征漢庶人、公以戎樞扈從、調度兵食、庶人伏法、遣公錄其餘黨、公奏漢國吏民。爲王所脅。倉卒從亂。可無盡法、以安反側。詔從之、時軍政久弊、姦人以貨脫伍籍、而援平民入伍者、遠邇一轍、公奏遣大臣分出清理、爲條例頒行天下、著在令典、洪熙

大司馬柴公車先以侍郎廵邊、糾將佐欺玩、章數十上、或怵以後患、曰、吾何敢愛身誤國、也同事者或不悦其

所爲公亦惡其樂宴飲不恤國計遂自斷酒肉同官燕
皆不與而持論據理益堅有功賞雖勑下必覆驗然
後行岷州土官后能以家人冐功陞賞公奏罷其官能
復以爲請上宥之公反覆不可曰詐冐如能者非一人。
臣方按覈。請皆罷。令宥能。如餘人何。若無功而得官。則
捐軀死敵者。何以待之。朝廷倘以后能土人宜寬假。
則以他名賜之爵。人莫敢援例。若詐冐而陞。臣實以爲
不可。宣德
鄺忠肅公埜掌兵部時京師久雨公竊憂以爲陰沴兵

象、遂上疏邊方弗靖。用兵禦寇。當預選將才。宜令公侯伯五府。并各營把總官。在外都布按三司。巡按御史。廣詢博訪。各舉所知。果有出奇料敵堪禆贊機務者。各隨所長。具以名聞。脫有不效。連坐舉主。如此則將帥得人兵政修舉矣。先是麓川用兵、公舉定西侯蔣貴爲將以往、卒賴有功、歲巳巳、虜酋也先入寇、警報日至、公又言瓦剌虜酋、自其父脫歡時、吞并阿虜台部落、益以强大、而西北一帶戎夷、被其驅脅、無不服從、惟兀良哈三衛不服、也先又親率人馬、分道掩殺、自茲非漢東西萬里、無敢與抗。前歲也先嘗欲俟我邊將、送彼使臣出境。乘間搶殺。又分遣人馬於甘肅寧夏諸鎮、約期入寇。仰賴皇上深燭其姦。豫勅嚴備、又命蔣貴等統率精兵巡邊。卒破其謀。今率其醜類、遠離巢穴。沿邊窺探。烟火不絕、宜令各營、練選軍馬、令智勇頭目管領、整飭器械、于虜使北旋之日。命將統領、往宣大兩鎮駐操、增我軍果敢之氣、消彼虜覬覦之心。又京師官軍。修城摘撥土作逾歲。宜令養威蓄銳。遇警調用。則思患可預防矣。正統

少司馬吳公寧、初爲兵曹郎、以尾刺也先勢漸猖獗、不

可不預爲之備言於尚書鄺公以湖廣南畿征進麓川凱還官軍撥充餽運以江東河南江北直隸漕運官軍留京操練一旦有警易于調遣鄺是其言行之正統己巳擢爲本部右侍郎北虜突入紫荆關命公出德勝門會總兵官議方畧及還門閉弗啓虜騎充斥于途從者各驚散公獨立雨中區畫衛兵及四來避寇男婦移時乃入是時畿内民庶朝夕相率南奔弗可遏總戎欲請詔天下勤王公不可曰如此則人心愈驚疑莫若以官軍勝賊本末移檄郡縣出榜撫安庶可弭變因具奏行

之賊既遠遁京師奠安正統

金知府澗在兵部時有言赤斤蒙古地産異物可資軍用者議欲取行之公言昔有小校顧誠者因凍餒嘗獻其技遣用于邊主將失卹誠亡命他處使彼知此以誨夷狄貽患非細奈何啓其端也事遂寢己巳春公見北虜乜刺勢熾私謂于公謙曰閩寇鄧茂七不足慮可慮者乜刺也秋必入寇宜預防之是秋虜也先犯邊車駕將親征公白鄺公埜曰醜虜不足煩　聖躬公盍一言鄺公愕然曰事急矣奈何爾爲我白王冢宰胡宗伯二

公公言之遂率諸司聯章上陳不報未幾將臣失律駕留虜庭公卿相向而泣公白于公曰丈夫臨危授命正在今日當獎率忠義之士養銳詰兵堅壁清野以待使彼進不得攻退無所掠不數日當遁去矣于公抆淚謝之于是召募義勇數萬人以守虜見有備且無掠遁去正統

郕王即位于忠肅公謙爲兵部尚書上言扈駕文武臣有預軍事進止當以失機論旣死亦不宜濫䘏報許又奏虜得志挾我大駕勢必長驅而南今軍實武庫兵盡

矣司馬宜急分道募兵及留漕卒自益司空宜併日蒐乘繕械九門要地宜令都督孫鏜衛穎雷通張軏等分守之都御史楊善給事中王竑等參焉凡兵皆出營郭外毋令避而示弱郭外之民皆徙入內安插毋令失所而置通州倉欲守之或不能委以與虜則可惜宜令官軍皆給一歲祿俸聽其自運仍以贏米爲之直虜所急者草諸廠宜亦聽軍稱力取之不盡則焚之毋以飽虜馬而是時石亨方坐繫楊洪亦以逗遛當譴公惜其才勇請赦之與安遠侯柳溥爲大帥而身總其機宜進止

時虜報益急，而侍講徐理者，妄言占象，倡議南遷，二三大臣依違其間，公慟哭言京師天下本。宗廟社稷山陵寧此。百官萬姓帑藏庾廪萃此一動則大事盡去。宋事可鑒。敢言南遷者，衆共誅之。自是羣心始定。十月也先挾　太上皇帝擁衆至城下，公及亨統兵出禦，虜見我師堅不可撼，喜寧嗾也先邀大臣及公出議和，索金帛萬萬計。廷議相顧不能決，問公云何，公曰，吾本兵知有軍旅，他非所敢聞。即出德勝門，閉門對壘約戰，以　上皇在虜中，未敢輙動，已諜知虜移　上皇西，我發大砲擊虜虜以砲下者數千計也先大沮衆請進擊公曰勝未足喜恥萬一不捷所損寔多況　上皇在虜中不得不慎請大出　聖旨榜文潛遣虜營中諭回達奚漢有能擒斬也先來獻者賞萬金封國公疑虜心而所勅宣大勁騎援者分道入虜遂夜遁論功進少保客有誦公功者公謝曰四郊多壘卿大夫之恥城下不盟幸耳大同參將許貴乞與虜和公請詰貴因劾介胄之臣委靡退怯法當誅于是邊將人人言戰守虜不能挾重相恫喝始欲歸　太上矣公以涿易眞保諸州郡爲京師拱

衛乃皆宿兵使都指揮陳旺等分將之而右都督楊俊帥焉屹然皆成重鎮俄諜報虜逼總兵朱謙于關口襲石亨于雁門關羽書狎至公策大虜尚遠塞必張疑兵以勝我乃上方畧授亨等使皆堅壁而令各營秣馬厲士使若將大舉者已而賊果不至中貴人喜寧者故俘虜也下蠶室得近而後復沒虜爲虜用諸所要挾皆寧謀公密授計楊俊捕而磔之復授計侍郎王偉誘誅爲虜間者小田兒虜自是益計屈遣使請奉 上皇還京 上勑公防護京城且議通使群臣顧望不能堅決

公曰天位已定誰復興議惟君臣大義兄弟至情自當遣使奉迎。上喜從公言于是以左都御史楊善往而上皇得返駕矣景泰

先朝處降虜近畿也先入寇皆將乘機騷動幾至變亂會西南方用兵于忠肅公與上謀每征行輒挾其精騎以往厚與之資有功則官之事平遂奏留于彼而遣其妻子自是肘腋少他患楊洪既自獨石入衛而所留老弱凡八城悉歸也先然彼亦不之守公謂此宣府垣屏也不可棄乃復授都督孫安計使以精兵踰龍門關出

據之而募民屯田且守八城遂復貴州苗寇久未平侍郎何文淵請罷二司專設都司而以大將填之公曰不設二司是夷之也夷之何以通滇僰道且無故而棄祖宗所設地不祥遂寢當是時浙閩則有鄧茂七葉宗留廣則有黃蕭養之有獞猺而三楚之貴竹苗獠處處蜂起前後命將將兵皆出公旨號令明審動合機宜雖宿舊勳臣小不中程即請　旨切責究治不貸片紙行萬里外電燿霆擊靡不惴惴效力毋敢飾虛辭以抵者

景泰

太宗以北伐故宿兵燕中甚盛而會承平久不能無老弱公侯中貴人往往役占土木之難半以委虜其額雖有五軍神機三千諸營將不相屬相支調爲恒于公議選精兵十五萬分十營營以一都督領之五千人爲一小營營以一都指揮領之餘兵散歸五軍等營以備次調雖有楊洪石亨柳溥爲大帥而進止賞罰一由公相顧頫首而已景泰

洪亨皆老師宿猾而亨尤貪縱自快公事裁之洪亦而子俊桀驁不可馴嘗疏請悉發京營與諸鎮兵大舉逐

虜公持不可曰大舉未必能值虜值虜未必勝而彼率其別部異道而擣我虛寧萬全策也後語塞後竟以不法爲公糾論削亨從子彪以驍勇著亨恃而强公出之守大同以是益恨公切骨　景泰

于公當巳巳之變誓死殉國揆其切要莫重于掖留監國斥沮南遷燒散芻粮閉關出敵壁絕和議决迓回鑾計徙寓虜不援虛報入者皆當時樞機關鍵一得失則廢興所係少遲速則安危相倚公動無牽制處斷如流用是坐却强胡奠安社稷　景泰

虜大舉入犯，總兵楊洪、石亨帥師出張翼門迎其鋒。或謂衆寡不敵，謙等初立飭五六騎自山東至，壽改飭十餘騎自河南至，壽又七八騎自湖廣至軍門下馬大呼曰：某處參將某人差來頭目某人，曰某參將昨日已整兵幾萬入援，報知鎧仗易色，以疑其心示衆也。虜以爲寔然，遂遁去。景泰

徐公琦掌南兵時，有上言往年分調官軍丁巳之在南京者，宜悉遣北京。朝廷欲行其策，公即會六部議曰：南京實國家根本，凡舉措不宜輕易。今所調官軍遺

下人口不下數萬。欲移之往北。其中安土重遷者多。人心一搖。恐事有不可測者。乃即與六部上其議。事遂沮。

景泰

陸參政容爲職方郎時。安南與占城鬨。議征安南。中官汪直主其議。公奏安南臣服中國已久。今事大之禮不虧。叛逆之形未見。一旦以兵加之。恐遺禍不細。會兵書余子俊亦力言事遂寢。錦衣百戶韋瑛捕民十餘械至京告變。公疑有詐。急白尚書奏請。詔法司讞。瑛果坐不實誅。先時捕妖言者多陞爵。例得世襲。愚民被誣死者無數，公請除其例，獄遂衰。有昌佐者，倚中貴求金齒騰衛參將，公執不下，上召面諭，公對以西南夷重地，將非其人，啓釁生患，異時者臣不敢任其咎。事竟止。已而中貴復舉王欽、梁宏爲都督，命已下，公益不可，言都督大將，必積功後授，彼何者，敢遽請，亂法擅命以私市，此而不懲，何以杜倖門，正威罰？上亦勉從之。海盜劉通肆橫剽掠，操江都御史白昂議發京軍捕之。時公在職方，兵部尚書陳鉞以問公，公對曰：通，水盜也，用京軍何爲？必用之，則所過擾費，民將弗堪，誠如某計，則一衛官可平

耳。帥不得請、乃與撫按諸臣議撫降之、成化

王莊毅公竑爲兵部尚書時、兩廣蠻大起、公薦前侍郎韓雍有文武才、宜令帥師討蠻、而雍新得罪、衆難之、公曰、天子方棄瑕錄瑜、疑雍罪不當用、乃竑不以罪廢邪、議遂定、成化

程襄毅公信應詔言兵事可更張者四、兵弊可申理者五。其大者延綏兩廣歲遭殺掠、邊以捷聞、朝以捷賀、上下相蒙、戎夷益肆、四方流民、盡聚荆襄、不早區畫、變起中土。天子六師、馭輕居重、京營士馬疲耗、器甲頓朽、非

大更張緩急可憂先是虜久據河套中議遣大同守將楊信爲總制搜捕之公力言河套地曠遠無水草興師十萬則餽餉者加倍自古禦戎來則拒之去則勿追此不易之法也楊信請三萬人巡邊禦敵公曰三萬人搜套則少巡邊則多益關陝連歲用兵今此之往勝形未具而先自困豈謀國之道衆服公言卒與二萬人巡邊罷搜套之議成化

程襄毅公信南京參贊時守備内臣或欲與錢穀詞訟公曰守備機務所以謹非常有司事非所預成化

臣略纂聞 卷之一

余肅敏公子俊掌兵部時、巡邊大臣附臣瑺請舉兵征
建州內附女直公謂禦戎宜先守備。建州邊衛。 祖宗
時羈縻而已今其酋伏當伽罪狀未著。遽征之。非 祖
宗初意。必不得已。當別遣重臣往節制之、相機戰守爲
便。公在邊日久熟知虜情及將校勇怯地里險易遠[illegible]
虜所出入故凡邊臣奏請從中調度輒中機宜時貴州
守臣言播州苗賊爲患請調川湖兵五萬會勦公言賊
在四川。而貴州以爲言。必有主之者。與師五萬。以三月
計之。用軍儲六萬七千五百斛。半年則十有三萬五千。

而楚蜀山路險阻，不通舟楫，取給負戴，必得兩倍之數，倏運至，天氣熱而瘴癘作，非計也。上是之，乃止。成化

張懿簡公鵬掌兵部時，京營團操軍士多爲將領私役，公力陳其弊，上即日命内外大臣幷臺諫官簡閱，遂嚴私擾之禁，申訓練之條，營伍肅然。故事，主將偏裨缺人，必集廷臣各舉所知，以待兵部請而用之，年久寖廢，或舉亦未盡公。公請覈寔具名以聞，否則有罰，自是號稱得人。遼東守臣以擒獲虜幼男女來獻者，旣而悉分給中貴，公懼將士肆貪殘以啓邊釁，即奏止之。大同官

軍失機公請治偏裨逗遛不進之罪及大臣之統馭失律者並械赴京處置一時軍法大振雲南木邦爲其屬孟密思柄侵侮思柄因請自立爲官司領屬脩職貢朝議已許之公言此夷未奉旨尚爾恣横況從其請使之得志乎宜降璽書以理諭而抑之上可其奏而人服其遠識成化

王端毅公恕掌南兵時盡撤營將之占役者一卒不得走私門畨使過龍江驛嚴禁織作工賈非奉旨毋得自爲互市考選軍政即同事者無敢干成化

都御史徐公源爲武選郎時洗心自誓權貴請囑戒門者一切勿通而籍其姓名若將行罰者囑賄遂絕時天下武功爵幾二十萬坐耗天下絕嗣者以疏遠襲公奏宗派許襲旁支者一切罷之大革冗濫舊例以罪去者落職公謂罪有輕重以笞杖而革其職不已甚乎人又樂其寬成化

馬端肅公文升掌兵部時念天下方困于兵會貴州都匀苗叛守臣請合三鎮兵遣討公不可惟遣官勘處卒無他也虜小王子數萬騎駐大同邊外勢洶洶上使

中貴人問討公謂此虜方敗于他部勢已絀無能爲請
寇爲之備而楊聲逼之虜果徙去安南侵奪占城五州
地　詔勒還之數支吾不服會二國各入貢乃請面折
諸廷安南詞服因諭以恩威利害厚賜之歸還其侵地
廣西土守岑欽與侄溥相讐殺巡撫欲討之公不許第
令謄書戒飭已皆悔悟納款請死有旨傳陞畫工張玘
等二十七員爲錦衣千戸公力諍謂此　先朝弊孔賴
上初窒之今復啓之無功而月武職徒使邊將解體也
江南歲祲有司請募民入粟授以指揮等官公復諍以

爲授之指揮。亦能使邊將解體。只宜授散官。上皆爲停。哈密忠順王者。故元遺孽。文皇帝寵其王。予金印。使率其民城哈密居之。以通西域貢道。忠順王歿。王母當國。爲土魯番酋鎖檀阿力所擒。併奪金印去。鎖檀阿力歿。子阿黑麻立。以金印歸我。公請以王母之甥陝巴爲忠順王。塡之。阿黑麻怨我賞薄。謂陝巴賤種也。何得王哈密。復輕兵入虜陝巴及金印去。而使其驍將牙木蘭以三百騎入守。公曰。非用陳湯故事。此虜終不畏。乃召肅州撫夷指揮楊翥至京。撫其背曰。汝諳夷情。知西

域道路朝廷今欲擒斬牙木蘭汝計安出翁曰此賊黠
非襲之不可罕東哈密有捷徑可進兵兵可不十日至
公曰余欲選罕東番兵三千爲前鋒我兵三千殿後各
持數日熟食兼程襲之何如翁曰善公即奏請執阿黑
麻之貢使寫亦滿速兒等四十餘人流閩廣而薦都御
史許進撫甘肅使率副將彭清等選番漢兵倍道而至
夜砍城登破之斬級六十降自保者八百人牙木蘭以
千里馬走謁阿黑麻阿黑麻方與赤斤蒙古衛相讐攻
不能大發兵使別將將輕騎五百圖復哈密復爲赤斤

衛兵所邀殺乃遣使上書謝罪請歸陝巴及金印于是
公亦奏還其貢使酬以少金帛而哈密復弘治
馬端肅公本兵時言故事各邊軍馬數目三年一造冊
奏報恐其間消長參差卒然有警難以調度宜自今改
議地方稍遠者歲一報邊方多事之地歲再報奏報之
法不須造冊具名第以章奏具書兵幾何內騎幾何步
幾何任戰者幾何冬操夏屯者幾何有故者幾何歲再
報者以夏冬之季至部一報者以冬季至部有後期及
數目不明者奏請處治其三年造冊畫圖仍舊上曰

可〔弘治〕

彭少宰部奏減京官皂隸柴薪價三分之二事下兵部議處馬端肅謂常祿所以養廉若遽減革恐不自給反啓貪汙之弊不果行〔弘治〕

北虜遣人齎番書進貢詞多悖慢馬公謂夷狄禽獸不足較但謹飭武備可也既而邊人奏與尨剌相讎殺已空壁而去公謂虜多詐意在緩我期大舉耳即陳修攘十餘事卒保無虞鎮守永平總兵官執進貢虜二十餘人誣爲犯邊者冀圖陞賞公廉得寔皆厚賚遣回虜感

恩稽首而去。弘治

陳郎中愷任武選時議武爵以世坐耗天下宜以漸消之爲法使繼絕者不得以旁支犯奸盗褫職者不得襲公謂支庶繼絕所從來久一旦革之物情將大駭且後人罹法如前之功何哉於是白之馬公會較情法詳酌其中凡同宗出自立功者襲餘則否作奸褫職者本支則坐屬從降有武官子未及承襲犯强盗死其弟幼告優給於例犯强盗者子孫不得承襲公謂兄爲盗未授官弟固非爲盗者子孫不得援宜襲其父職降一級馬

是其議、奏行爲令、弘治

南戶侍顧公珣爲庫部郎時、京衛勾解多影射爲奸、公於清勾册內、吊戶部月支册查對、積猾不敢弄手、軍士有功陞職官、原籍多解丁補伍、公請行印綬監、查黃是實將戶丁發回原籍、當差、軍免重役、弘治

羅副使循署車駕時、武皇帝好微行、中官義子出入禁內、公故虞其變、每夜偵伺防守、嚴門柝堠鉦、嘗立馬風雪中、鬚冰結衣領上、不敢懈、後署武選、弘治間有巳革乳母官三百人、援璫求復、公駁其不可復者五事、以

爲内降非制名器宜惜議出劉公大夏不可輕改且恐啓倖門糜歲給奏竟寢會考選武衛而金吾指揮張某等爲瑾爪牙公罷其管事瑾大怒切責尚書王敞敞請曰幸無怒即更奏矣敞歸召公怒曰汝乃禍我即濡筆酨奏公走前持奏曰勿毀成牘但示姓名足矣敞乃以别楮書二十餘人投公公退召書史將别爲奏上是時瑾氣焰傾中外稍違意即置之死公分必就逮其存初奏與所書别楮冀自明也後四日瑾敗敞入部口囁嚅向公索初奏上之以脱已且曰謝爾早見不令毁奏也

正德

劉忠宣公大夏掌兵部時、陳兵政弊端十事、一曰京軍苦于出錢供應、二曰營軍困于私役做工、三曰江南軍以漕運破家、四曰江北軍因京操失業、五曰漕運艱難而濫食者妄費不稽、六曰養馬困苦、而私用者法禁不顧、七曰鎮守太監貪婪特甚、八曰守備內臣占軍數多、九曰陞賞多涉勢要、十曰禁衛苞苴公行、　上嘉納行之。弘治

莊浪土帥魯麟爲甘肅副將、求大將不得、恃其部落强、

徑歸莊浪，以子幼請告。有欲予之大將印者，有欲召還京處之散地者。上問忠，宜對曰：彼虐不善用其衆，無能爲也。然未有罪，今予之印，非法；召之不至，損威。乃爲疏獎其先世之忠順，而聽其就閒。麟卒怏怏病死。弘治

上復謂忠：宣、京輔左右肘，吾欲各宿兵其地。公乃因御史議，請以保定操卒萬人還之鎮，以爲西衞，而東兵納之密雲、薊州，以爲東衞。報可。上又問兵餉何以常乏之，對曰：臣無暇及他鎮，臣在廣，廣之會城，撫按總兵三司供億不能敵一中貴人，餉何以不乏。上曰：然今必

[illegible]聞　卷之一

[illegible]廉如鄧原麥秀者而後補不然姑闕焉可也上復

[illegible]公諸司言弊政詳矣然未有及內府事者公對曰凡

[illegible]係內府必須皇上見定而自主之無何特勑兵部

[illegible]即同給事御史清理歲省費十餘萬金弘治

[illegible]忠定公文爲南京兵書時屬歲祲米價騰涌死者相枕

[illegible]公移文戶部將官軍粮俸預支三月以濟度支以未

[illegible]命爲辭公曰救荒如救焚民命在旦夕安能忍死以

[illegible]即得罪吾請當之遂發米十六萬石米價漸平人不

[illegible]羅弘治

李侍郎昆在兵曹虜酋小王子上書欲以六千人入貢詞涉悖慢廷議紛紛莫定公謂宜返其書勑邊臣諭令伏曲輸誠然後議其入貢人數本兵東山劉公主其說而行之一日吏檢庫中年久文卷獲一匣若貯金者湯無可稽吏察以白公笑而不答乃會衆啓視之有金四百餘兩即移付公帑　弘治

王公敞爲本兵時武功黃選簿在內府印綬監凡除選必入內查對輒爲所難例納賂乃得如期對視公請謄副於部以便遴法　正德

何公鑑爲本兵時，劉六、劉七等盜起，州縣望風奔潰，南北不通，人心洶洶。公選將練兵，劾將臣之不職者，奏請兵部侍郎陸完爲總督，起用劉瑾罷黜將官白玉等數人，奏行山東、直隸選補軍餘、機兵，錄用民間武勇，鄉村鎮店結伍立柵，互相救援，河南、山西等處設兵守黄河，斷太行，以防奔突。京操官軍俱留本處，分守郡縣。又於漕運十二把總部下，每船選精卒一人，沿河住劄，以防運道商旅。又請立大賞以消大患。詔悉從所議。由是諸將奮勇追襲，殪賊於通州之狼山殆盡。正德流賊犯江上，南兵書劉公機謀於同事諸公曰：今日之事，惟擇主將，立賞格，修營栅，恤軍士爲急。時李都督昂自貴州罷鎮還南，遣人要致之，而委重焉。李以未得朝命辭。公曰：朝廷 勑諭我輩有曰 勑内開載不盡者，爾等從宜區畫，此即 朝命也。亟取厐屑埧竹木爲營栅，使沿江軍士免暴露之苦。又欲發官帑銀七千餘兩犒軍，諸公皆猶豫，公曰：某當獨任。遂草奏行之，防守有備，人心以安。正德

南刑書劉公纓正德間爲兵部侍郎，初崇明盗起江南

諸郡繹騷，所在募民兵應敵，號義勇軍，有司上其數，請如官軍給餉。公不可，曰：「往時王都御史借關隴民兵討洞蠻，從便宜月給米人三斗，後皆籍爲軍，至今遺患於民。國家軍餉，豈宜輕議。」事遂寢。正德

黃簡肅公珂爲兵侍時，宸濠乞護衛，公抗議再四，詞奸萌不可長，文移獨不署行。正德

都御史陸公鈳主車駕時，有二僧歸自烏思藏，迎活佛來索舟。公詢之，二人曰：「果有童子方九歲，能道未然事，然亦無大靈異，且道路艱阻，決難再往。」公乃激之曰：「誠

如此言復命則善不爾吾當爲轉奏汝坐欺罔罪事遂寢。正德

大理丞周公鳳鳴掌職方時，于籌邊擇將夙夜究心纖悉皆手自記註。上嘗命惠安伯提團營豐城侯協同視事，豐城以侯當先伯奏請改。勑下兵部議，衆漫無可否。公曰，侯先伯者，常分也。若上所任使則自公以下，皆不敢抗。事遂定。正德

冢宰王公瓊在兵部時，每寇報至，公坐籌曰，其大帥出某地，某裨帥出某地，某由某路會師，某由某地夾攻，某

絶某關隘防奔突、某輸餉粮、某紀功、又曰、諸凡未悉者、權宜從事、大事先行後聞、故邊帥易以成功、正德贛州盜大起、王守仁時巡撫、請得從軍興法便宜行事、衆笑爲迂、王公瓊慨然曰、朝廷此等大柄、不與此等人用、又與誰用。我必與之。竟覆議報可、諸賊悉平、會福州三衛軍人進貴、葉元保等作亂、公知江西寧藩必反、召主事應典曰、此小事不足煩守仁、但假此便宜、勅書在彼手中、以待他變、爾爲我做一題稿來看、遂具題

勅公查處福州叛軍、及給事徐之鸞等、疏宸濠不

法事內閣楊廷和令兵部發兵觀變公曰此不可洩近給事孫懋建議選兵為江西備留中日久第如議行之廷和嘿然已而宸濠反南都告急公會衆於左順門曰監子素行不義今倉卒造亂不足為慮且吾久用王守仁上游何耶度反已執之乃從直房頃刻覆十三疏首請下詔削濠屬籍正賊名次請命大帥趨南都次請命南和伯方壽祥防江趨南都次請命南都文武臣戒嚴次請命尚書王鴻儒主給餉次請命王守仁率南贛兵繇臨吉秦金率湖兵繇荆瑞會南昌李克嗣鎮鎮江許

延光鎮浙，叢蘭鎮儀真，遏賊衝，俞諫率淮兵翊南都，且令南京守備操江諸武職，并五府掌印僉書，即自陳取上裁，務在得人，以固根本。詔悉從之。已而守仁擒濠，果如公策。正德

武皇單騎巡邊，朝士凜凜，曰：遠則漢高之平城，近則土木可鑒也。議嚴兵守京師，晉溪公曰：上偶出，遽嚴兵，如有讒人曰將據國也，禍孽作矣。乃馳奏行在，命文武大臣守都門，又畨調將士列伏邊城，大同、遼東、延綏馬皆集行在，又請暫命大帥一人，開閫河間，近保京師，遠控

夯彝又於大名武定權置兵備副使二人鎮壓盜賊又
檄薊州都御史臧鳳保定都御史李瓚嚴兵要害爲駕
蹕扈又檄山東河北飭武事又檄在京守備時察奸宄
是年乘輿出邊踰年無虜警京邊按堵如常公之晝也
禮部廷議建儲居守公曰斯議也古則有之我朝有祖
訓在衆嘿然大學士梁儲曰預建儲議邪謀也亦不可聽
乃罷議是時宸濠交賊臣朱寧謀入寧世子司香太廟
朝臣陰主焉賴梁公執議于內公議于外奸謀乃寢江
彬許泰扈蹕回將進伯爵下兵部曰應州之捷彬泰上

勳進秩二級公曰左都督無級也執不上議內閣徑勑吏部封彬平虜伯泰安邊伯凡軍功侯伯錄兵部議乃勑吏部非例也故事兵部論功內閣據以擬勑彬泰封勑自內閣兵部塡紙尾公弟曰如勑行無濫辭

正德辛巳春駕駐通州江彬擁邊兵勢極兇赫召九卿出覲都下洶洶云彬將屠九卿行大事衆皆凛凛憚行公曰予備位大臣天威咫尺敢不覲即日詣通州人云彬將掠奪九卿印公反佩印往蓋彬獨護蹕乃可逞其謀若本

兵扈蹕將士屬兵部而公又係將士望彬雖有謀不得逞矣正德

王晉溪在本兵時適湖州孝豐縣湯麻九反勢頗猖獗浙江巡按御史解冕奏聞　朝廷下兵部議公呼賚本人至兵部大言數之曰湯麻九不過一毛賊只消本處差數十火夫縛之此何足奏報欲　朝廷發兵殊傷國體此御史不職考察即當罷矣賚本人回浙江傳說此語一時皆以爲湖州江南重地　朝廷不肯處分豈置之度外耶倘賊勢蔓延猝不可撲滅本兵甚爲失策賊

人亦偵知此語恣意刼掠不設隄備先是戶部爲查處錢糧差都御史許延光在浙江公卽請容赦許公討之[redacted]且授以方畧許公卽命憲副彭姓者潛提民兵數千餘出其不意乘夜而往賊人方擄掠回相聚酣飲兵適至卽時擒斬無一人得脫者爾時若　朝廷命將遣兵彼必負固拒命淹頊日久不但勝負未可必縱勝而勞兵費財亦已甚矣正德

冢宰喬公宇在南兵部時宸濠告變刻日東下欲取留都公預爲戰守具一時艸創皆備率九卿臺諫籲天誓

以夗守城門設文武臣各二員率軍以守城中府設軍二營以防不虞濠預遣夗士三百人潛入留都伏於鼓樓街攬頭其爲內應伺期而發守備太監劉瑯實共謀之公廉知先縛攬頭一鞫而知之多執閒諜以次而擒梟首江岸都城獲安賊計少沮而公早已嚴備江防賊至安慶爲守備楊鋭所敗先是公視機務時知鋭才畧可用署守安慶誡之曰安慶南京上游也密邇江西賊計汝必先知知則遂來告賊至必先攻安慶汝夗守之未幾賊變鋭果成其用公之功于是爲大宸濠僞檄分

布留都、諸臣不敢上聞、公獨密遣官馳奏、上得奏、遂謀
親征、十二月上南狩至、則叛逆已平、遂受朝正於行在、
初有　旨命百官以戎服朝見、公獨以爲兩京禮儀一
體、豈容有異、遂朝服率諸臣見、時倖臣江彬欲謀不軌、
公以雅量鎮服其邪、又倡九卿臺諫伏闕上疏、勸回
鑾輿、以安定社稷爲計、九月、上還京師、正德
喬公參理留都機務、宸濠聲言取南京、兵已至安慶、而
公日領一老儒與一醫士、所至遊燕、兼以校奕實以覩
形勢之險要、而外若不以爲意者、人謂公矯情鎮物有

賛禕謝安之風。正德

江彬一日晚遣兵官索各城門鎖鑰，城中驚駭不知所出，督府遣人問喬公，公曰：守備者所以謹非常，城門鎖鑰，孰敢索？亦孰敢與者？雖天子詔，奈何？督府以公言拒之，竟寢。武宗自牛首歸，抵聚寶門，時已深夜，彬傳旨開門迎駕，公堅閉不納，是夜，武皇宿于報恩寺。彬每假旨有所求，爲日數十通，公每得旨，必請面奏，彬計遂不行。正德

武宗在牛首山，經宿，江彬欲行異志，而山神震吼達曙。

彬懼懾止茲事有老僧明壽言之甚詳當時從駕數千人僧房占滿無措足地僧明智遂露宿塔殿臺基上夢中沓身忽爾墮地不覺大呌驚動三軍一夜傳呼不息江彬紐鎖住持及明智欲加以驚駕之罪齋司馬乃權詞山吼以竦動軍心非但解釋僧罪而江彬不軌之謀亦從茲戢矣正德

嘉靖初年兵部題覆事體有窒礙難行者當相援正如御史郭希愈言今邊境有警輒患無人宜重兵部侍郎之選必素歷邊方才畧服衆者令一人專講求邊方軍

務二人專講求腹裏軍務，仍令自選屬官有智計者爲之贊畫，有警即昇以提督之任，則職專而志定，可備緩急。吏部業覆從之，而是時王時中在兵部，上議以職掌所載尚書侍郎統理一部之事，不當分限邊腹，以致乖隔。且屬有四司，則凡邊腹軍務，分在習理者也，不當專委一二人贊畫。又國家遣武臣總兵、文臣總制，臨時命廷臣會推，上請簡用，事平則將歸于班行，兵散于營衛，故將無久握之權，兵無不戢之患。茲欲以兩侍郎分領，亦非祖宗臨時遣將之深意。且預定左右侍郎將兵之

任則諸撫鎮等官皆將覬望諉避或悞事機設侍郎一有事故文將誰屬此論老成持重不曰吏部已覆而遂已之也上卒從兵部議嘉靖

李康惠公承勛尚書兵部奏裁各省鎮守守備內臣二十七人錦衣官校旗勇內府詭匠數千人此皆破祖宗法依城社坐耗國儲朘民膏血大蠹衆束手閉目莫敢誰何者公恃上聖明一旦剪剔去騰驤四衛者詭冒依附奸欺不可詰公言宮府一體請官軍考選清覈並如旗手等衛制曰可內臣言四衛禁軍隸兵部不便

往歲彰義門破虜東市勳曹賊皆四衛功以直内故得號召易集下兵部再議公執言往歲之事正以兵權歸閹人致亂彰義門之戰由太監王振東市之賊即太監曹吉祥也上從公議嘉靖

大風晝晦上憂邊詔問承勛答曰聖祖有訓謹備胡戎去歲氷合北虜盡入河套以故陝西邊患延寧固原爲急并肅仰河東餉宜於蘭州及時糴貯備河西灾窘異時河西患土魯番亦不剌又深入地益孤危海賊套賊出入並經莊浪宜急繕塞守險絕其臂肘使勢相

隔絕兀良哈最近京師不善撫即爲門庭之寇雲南安鳳之叛軍民困敝臨安蒙自盜賊復起曠日持久恐釀成大患交趾世子流寓老撾或歸命請援或據地求封皆未可測今邊務可憂若此其要在兩端豐財用才而已 嘉靖

南兵侍王公積爲武庫郎時故所隸風馬船千餘艘以備 上供物者分屬諸衛每一船敝輒責衛校士自補破產者相望長年二萬餘散攝諸郡縣吏因緣爲隱匿至者僅六千人船日以減耗公熟計利弊十餘事上之

部爲言於朝始以武庫餘羨水衡錢治船不以累衛校士而郡縣所隱匿長年悉出爲官用著爲令嘉靖劉文安公龍在南兵叅贊機務裁抑中貴武臣罷龍江五關守把之中官稽横海五衛欺隱之積課快船工料直省率不時給公引清查蘆洲事例歲請　勑印差官經理得免匱乏錦衣衛沙洲湖塘之利乾没不貲公亦奏遣其屬偕督屯使者勾稽如法量以課入資衛費餘悉輸部備戰馬而罪其侵漁者以示警焉黄船軍役頗多富室巧相隱匿不歸伍者千餘人所耗月糧歲且萬

石公編定船隻往返率以三月爲限歸塢還營各有定期勞逸既均而積弊亦除矣江北飛熊等衛屯所地曠人稀鹽徒肆行抄掠公奏選三衛屯軍舍餘列營操備而以都指揮一人領之盜賊因而衰息 嘉靖

冢宰唐文襄公龍在兵部時謂吏以文法繩邊將其跅弛雄傑之才往往獲罪而柔佞乃幸全請宥諸在繫者使立功以贖廢銅者量其才用之士聞咸奮 嘉靖

掌憲王肅敏公廷相爲兵侍時騰驤四衛勇士隸在中涓多冗市人名籍幾至三萬公佐本兵奏 命清查留

五千餘人，盡裁其濫，禁旅肅然。陞南兵部尚書，革內外守備各監局科尅役占諸弊，軍民如出泥塗中。且請令守備內臣惟詰奸遏虐，以靖都輦，不得受民間訟牒，侵法司權。又以魏國守備年久，宜如各處文武官推代。時世廟雅意釐革，所言輙聽。嘉靖

吳副使達在武選時，例當入內府查武官黃籍。籍浩繁，閹人恣奸弊，恐見察，則多方誤我。公入，舉內令序坐。內令久秘不傳，閹人固已服其練達。會校人竊籍被執，詞相連，諸閹恐，達尚書所丐免，誓不敢有他。改南南守備

魏國公與兵部尚書爭道，尚書不勝忿，咨問計公。曰：「彼擅役營卒，豈制耶？」尚書悟，發其事，魏國果屈，還卒數千人，然以此銜公。公聞之，即疏其諸不法事，有詔奪職。魏國怒曰：「我擁一鐵劵，殺吳某如搏鼠耳。」同寮咸危之，公不動。車駕主蹕傳舟車馬船頭陳某恃貲干公卿避役，公不可。走京師，賂閹人，以特旨免。公曰：「不獨一陳某也。」令兵馬司定諸船戶差遣，以貧富爲籍，衆爲語曰：「通朝廷易，撼吳郎中難。」江南郡縣役遣江淮衛水夫，爲土循所把，費數倍。公請入直於官，附綱運至部，分給之軍民

兩便會同館官馬私乘不禁取律語刻木懸官馬首俾者凜然　嘉靖

寇公天叙爲兵侍郎時大同軍叛疏滅賊之策畧言大同叛卒往年賊殺撫臣今又戕害主將稔惡怙終若不加誅奚彰國法但倡亂者有數餘皆協從朝廷不忍玉石俱焚已給黃榜曉諭傳聞逆軍不容張掛合無將黃榜事理刊印小帖不計數目射入城內使善惡自異互相擒斬賊勢自孤　嘉靖

大同初叛之歲失總兵所佩征西前將軍印職方請給

新印鄭端簡公曉時爲主事白郎中總兵印文柳葉篆
請改印文或稱别將軍或增減其字恐原印在叛軍處
有事時行文奏報眞僞不可辨誤事非小往年胡忠安
公在禮部失行禮部之印改鑄行禮部印此在內衙門
尚然况邊鎮兵權又反側不靖時乎郎中不以爲然嘉靖
毛公伯温掌兵部疾邊帥盗官餉淩軍士月糧賂貴要
以規進取首徼五城詗其持賄入都者盡諸法團營軍
耗不及額時議召募補之公言京師募兵徒得賈豎遊
民無益於用宜止召募而嚴簡閲又言兵不用命其弊

在法令大寛請自今有逗遛者都指揮以下巡撫得斬首以狥總帥則具狀以請至今論邊事者以公爲師嘉靖

聶貞襄公豹以兵侍恊理戎政數與仇鸞議不合已而鸞請調宣大兵入衛意在弱二鎮以納虜公疏陳四慮謂宜固守宣大宣大安則京師安鸞益怨寄伺公求中之不得乃已嘉靖

王襄毅公邦瑞當庚戌之變上以僉謀用公條安攘十二事營政肅然改觀會咸寧侯仇鸞者提邊兵入衛

虛聲矜喝，以罔功要寵，因而主戎政，勢張甚，睢盱朝著。問獨不便公，鸞欲節制九邊總兵，公不可；鸞欲變易邊將，公不可；鸞欲罷築薊鎮邊垣，公又不可，鸞不能平。人咸爲公危，公曰：「鸞禍心且不測，吾大臣自惜，將如國計何？」因上書訟言攻之，不旬月，竟爲鸞所中去位。公去，鸞益横，未幾殛死。上乃思公言，詔復起公。公有請罷中貴人監軍疏，畧曰：今國家所患者惟虜，所甚患者惟卒弗振，臣以爲二者皆非深患也，深患惟在中貴人典兵耳。夫今之團營，即漢之北軍、唐之府兵、宋之禁旅，所以衛京都備不虞至重矣其令勳臣掌之者謂其明武略其令文臣共之者謂其督怠弛其令中貴人監之者謂其防壅蔽揔之以厲兵振威耳乃者胡馬來臣調團營兵出城擊胡而十二營半空見卒又罷弱不任旗鼓夫卒至罷弱罪屬之文武二臣不得解矣至空無人者則乃中貴人所爲耳外語籍籍咸以爲有輸錢脫更之弊是本用監軍反用蠹軍矣陛下若不赫然立罷之則歲月既積消耗益甚假令虜踵前智復射一矢於闕下誰與驅逐此可爲寒心者也夫刑餘之人典在傳公車

之命。供埽除之役耳。令其祭列壇塲。固已虧體。而況于作蠢耶。臣聞久服之衰必敝。常用之器必缺。請罷中貴人。勿使更濫戎機。亦保軀善後之圖也。嘉靖

楊公繼盛爲兵曹郎時。虜方亟。大將軍仇鸞欲利啖之以緩兵。議開馬市。而部議推公行。公具疏言馬市決不可開。然旣已遣臣。臣言其不可。是避難也。謹條開市五事。一必令俺答愛子入侍。二令盡還所捕虜邊氓。三議開市後他種落入寇。俱責俺約。四欲平馬價分爲三等。五欲整兵爲戰守備。毋玩忽生虜心。部尚書聞之曰如

此則馬市不可開矣乃別遣主事行而公疏竟上上三閱之曰繼盛言是而鸞有揭帖進乃下會議仇鸞者皆附和許開市而公遂逮獄嘉靖

傳公鳳翔自邊塞入總京營上數以兵事問公對曰營兵四城分練輪番出關借助兵勢使習見虜庶可責戰議者欲選真保薊遼通州兵入京營會練上問公對曰營兵誠弱强之亦有道請祛私役自近始軍法既一訛言者服上刑則無不可用畿兵去鄉無固志且日費金千內帑不給非便宜令隨地練以待虜兩得之

上嘉納貴州苗陷思南執守臣去上怒欲逮總督張岳罪之輔臣議協公徐奏臣聞岳在貴諸苗憚之今苗入城舍財貨獨執守臣豈緣此陰中岳乎貴遠徼代者曠時苗益得志是中苗計也上乃釋無何苗以守臣還不敢動嘉靖

陶參政大年爲兵曹時篤部職船馬政權船黄頭郎最重鎵十年一踐更必間左富厚者充之先是郎欲遠嫌怨一切委衛弁脱富役貧爭告紛然公自按籍覈貲産而登下之踐更稱平留都故有買馬夫供三大營芻上

用兼隸兵垣及守備巨璫勳貴故事所市馬至必以次傳閲胥吏輩横索銭不得則駁不中選所領軍人復籍口馬羸弱首計窘之公廉得狀爲奏記大司馬白罷兵垣守備閲視自駕部一驗肥瘠外即給領騎文檄管操把摠同閲以杜軍人口歲省馬戸所費若干緡著爲令

嘉靖

項參議篤壽任職方時遼帥方奮蹟而薊害其能虜入不拒或密縱焉勝則以拒堵爲名敗則以分地爲解公謂瑞昌距山海關密邇豈得諉於不聞設使虜一近關

以銳師遏其前，以偏將邀其後，豈不易有功，而虜敢冒死自送哉。乃立互援議上之，使無得規避。嘉靖

王僉事問在南兵曹，留都額設馬快船七百八十餘艘，歲役卒修造至四千餘人，謂之幇甲。幇甲費不貲，貧軍坐累轉徙無告。公白尚書米公曰：今縣官不惜數千人之命，而惜數千金乎。出疏袖中，請官自出年例銀督造，議上報允，而軍累遂息。卒營地舊與齊民錯，豪勢盤據且百餘年。公念法久必多巧匿，爲避罪計，乃具爲令，縱諸豪自出白，而佃之官，不奪其業。營地遂清。會有詔覈

武職緣濫，公按籍爲立决去留。權貴人請謁，禁弗行。時北虜歲入盜邊，公預籍武健士以應募，人厚其餼，比罷歸，貲故有餘，或請追之，公悉縱遣去，曰：人則弗靳其死，而靳之餼耶。一日縣官復下尺檄，誰復至者。司餉者徵之，後果敗。中貴人某守備留都，嘗私抵公，乞餘軍供酒埽，實利其貲。公執不可，乃止。嘉靖

南刑書李公遷爲兵曹郎時，篤司故積造舟資巨萬，郎司出納者率以十之七予衛，衛復私十之二，僅半與役卒。公請於尚書張公，會司務及曹郎坐堂皇上，集役卒

使吏權而名授之又時時手校其所權者以示警卒皆
懽服張公下公法爲令故事諸衛貢船責之衛卒之饒
有力者官給其直而中貴人監之直盡入中貴人橐而
受貲者挫其產以償而猶不給公請毋令中貴人監亦
不以責衛卒而官董之尚書宋公如公請黠卒孫寧忤
守備魏公魏公列其侵盜　孝陵壖地爲市肆居貨所
株引且數十人　上怒　詔大司馬與御史大夫覈其
事大司馬以屬公公偕御史行履其所實不犯　孝陵
壖地魏公盛氣加公公與御史折之出其上魏公屈服

嘉靖

葛端肅公守禮爲兵曹郎時守山海關朝鮮使以故事致國王餽公以封疆臣無私交固謝却之海西夷人闌出禁物及邊邑豪市馬皆禁止如令有緹騎倚徼巡橫索關吏公移牒都官致之法自是關內外肅如矣

嘉靖

王參政叔杲任車駕時會　世廟賓天　莊皇帝從裕邸入大內矣是夕有欲倣正德末年設兵九門者公力爭之曰　武宗時　肅皇在楚大寶虛也乃陳兵以備今　上已入內而何以此重駭士民爲乃報罷故大司

馬伍公以勦宸濠功任子錦衣千戶其子孫皆文學取科名至孫始請襲或以年久遠不許公曰所不宜許者功次不寔耳王新建之功非伍公孰爲始孫許之節非伍公孰爲終此灼然在人耳目三公賞延于世何得不錄伍公大司馬如公議嘉靖

刑侍何公源在兵部時有旨內豎三人典京營本兵郭公欲從之公草疏力諫止南京新立振武營軍悍不可制奏罷歸本衛隱患頓除隆慶

吳尚書兌爲武選郎時莊皇帝新即位巨璫例乞門

廕、移牒紛籍、至子廕父、或丐與他姓、公持例多不與、分
別疏請、司禮匿不上、遣人詣曹求易疏、公怒收繫之、欲
以遞奏聞、司禮懼謝、是時公守法名喧廷中、武爵訛濫、
吏率緣爲奸、公更置籍七百、與內黄參質踪、是銓序精
允、宿弊蕩然、時虜入塞、並掠盧龍太原、京師戒嚴、議徵
宣大兵入衛、公策曰、永平完實。虜飽且速去。必不渡灤
水而西明矣。以愚計之。及兹已遁。遁而銳師邀其惰。可
以大創。今徵兵內向。坐失機會。寇去而守。徒自勞憊。請
弛備無召邊兵。後驛至、虜果以議前一日出塞、而督臣

以入援故緩追賊賊頓於寧武無擊之者盜曾一本嘯海上閩師討之以藏魁捷聞朝論且行賞公曰海中超忽賊魁真僞未可辨也請覈寔乃賞後一本果未得凡邊功覈而賞自公始也隆慶

戴公才掌南兵時巡鹽御史某奏改浦子口五衛隸御史節制公言南畿各衛分列六營以藩籬根本統領則以內外守備巡視則以科道其來已久一旦改隸御史使堂堂六師下同郡伍非建制意也事遂寢萬曆

少司馬許公孚遠在舊部時嘗謁江陵問及馬政公慨

然條議大約謂富戶養種馬重負累。然不堪戰徒毛色佳耳。不若收其值。可買三戰馬。又京營隊騎喻萬匹。厚給芻荳。止取儆息。飽奸猾。問之若何衝陷。如燕人諮舟。且豪貴占悋者多。是皆可裁。因陳便宜四策。江陵深器焉。萬曆

殷郎中都布政方時火落赤發難蹂躪蘭洮間虜王扯力克引大兵而西或云與火酋構時中外厭款市久見小小蠢動即欲盡罷款議一大創之公獨謂此二虜者氣之則合。緩之則解。第當分別順逆。謹羈絡而已。喜事

者蠭起梗其議卒之二虜果次第解如公言萬曆

吳公文華掌南兵時畱都天策衛卒以儲餉浥腐嚻詢主者旁觀者以爲不可問公徐召司庾諸役及首事嚻卒令對狀而先數諸役曰卒寄命於食典守弗恪爾無所逃罪叱杖之卒匍伏謝公復數卒曰司庾者誠有罪爾曹胡不白之官而遽譁爲軍令譁者死爾自圖之卒搏顙祈哀公曰姑薄懲若亦叱杖之徙戍他所卒謂公實寬我遍相戒勿復有所犯萬曆

顧公章志副畱樞代署篆會應詔陳言疏言畱都馬快

船。爲　上供所需。歲編甲役之。而所役十九皆環衛之戍卒。遇差遣。夕不留行。已極疲瘁。而或特特有所摧剝，則傾帑以供不厭。第棄伍走耳。不則自盡。亦以故戎籍日虚。畿輔大困。甚非所以廣繹思而固根本也。夫力分則行之遠。利聚則趨之衆。今請如馬船例。凡役於船俱用募以充。而稍益其直。尤須縮船額就之。大約費可二萬五千金米三萬石。今衛戍已願輸萬五千金。　國家不過更益金米之半佐之。即不取役三老。中貴人無所侵牟。行伍如故。根本不憂擾。於大計便。報可。而公猶以事關崇遠恐他日從中掣之成功易毁也則又謀之新尚書疏重事權明激勸嚴叅罰豫會計四事大要在杜浮言急儲偫而委命于始事之臣共圖經久　上并嘉納之而一時留都四十八衛扞掫之衆歡噪振地曰顧公實生我萬曆

薛副使綸任武選時武選吏視武人子若居重貨非厚賂輒引他例鐫其級或遂除籍不叙公躬覈選簿鈎校功次有朝投牒夕受官去者又條上制虜安邊十數事其大者優胄弁以儲將才而罷入貲之例練土著以實

行伍。而息勾軍之優復屯鹽以充餉而紓召買之累繕
城堡以固守。而停不急之工言鑿鑿中窾。大司馬奇之。
萬曆

骨僉事志道爲南兵曹駕部故董貢艘衛卒苦積役借
餘皮骨公言於大司馬裁去三百餘艘攤江濟兩衛中
資水夫工食之餘而四十衛之困稍稍甦矣江淮有一
二悍卒讐千戶某流言本兵將以水卒充操練私歃血
伺隙而起聞者殊恐公夷然不動叵測者輒自解散行
治其爲首者數人而已。萬曆

皇明臣畧纂卷之一終

皇明臣畧纂卷之二

江西右叅議前湖廣督學使常熟瞿汝説輯

兵事類

籌

王師克三衢、上命王公愷爲左司郎中、總制衢州軍民事、公增城浚濠、置遊擊軍、募保甲翼餘丁及舊民兵、得六百人以益戍守、兵食不足、則斥並城廢田五萬七千畝、使之耕、以自給、良民有田力弗能藝者、聽軍士貸耕、而爲輸糧、縣官藉江山常山龍游西安四縣丁壯凡六丁

之中簡一以爲兵置甲首部長統之丁壯八萬有奇得兵一萬一千八百無事則爲農脫有警則兵者出攻戰而五丁者資其食洪武

熊僉事鼎爲岐寧衛經歷時朶兒只把雖降而持兩端公上書萬餘言言狀其畧謂西涼岐寧漢唐內地不可棄朶兒只把非有歸向之誠特假我聲援脅服鄰邦爲自安計朝廷宜思制之之道急之則必席卷而遁雖得其地而無民緩之恐羽翼既成而跋扈宜稍給種糧撫其遺民以安衆心而以良將拳守之則朶兒只把特匹

夫耳又將安往上覽書曰人謂熊鼎迂濶今不迂也洪武

王府參軍胡深洪武初殁於王事元末見天下亂嘗慨然謂其友曰軍旅錢糧皆民出也而今日之民其困已甚誠使常徭横歛悉不復以病民止令民有田者每十石出一人爲兵而就食之以一郡計之米二十萬石當得精壯二萬人軍無遠戍之勞官無養軍之費而二十萬之糧固在也行之數年可使所在兵强而財富此即古者藏兵於農之意故記之與智者議焉洪武

太祖皇帝召指揮方鳴謙廷問曰爾家世出入海島爲

生。今既歸降。可歷陳海防利弊。以效爾忠。鳴謙對曰、但於沿海六十里設一軍衛。三十里設一守禦千戶所。又錯間巡檢司。以民兵策應。復於海洋三大山。設水寨戰船。兵可無虞。上曰兵於何取。鳴謙對曰自兵興以來。軍強民弱。民皆樂於爲兵。但於民間四丁抽一。倘有不足。則於舊時僞將原所報募兵訪充。無不足者。洪武

張修撰洪初以事連戍滇、黔寧王一見才之、都護瞿登之賢閣、無何夷木邦刁干孟亂、逐酋長思倫法、高皇帝詔三司議勦撫便計、衆多謂蠻夷相攻、可勿預、公語都

護瞿曰思倫法擁三十六甸之衆嘗闌入冦景我師禦之帥馮成敗績後雖讐黔寧之威畢部歸順國家即彼故地授宣慰其强未殺令彼之亂是天授我宜討木邦而示威分建以殺其强彼旣被逐得復雖分建猶戴賜是恩威並流固內弱外完策也三司因其議議上僉行遂捕斬刀干孟以其子與思倫法並授宣慰西南賴者定洪武

宋祭酒訥嘗應詔陳安邊策曰今海內旣安蠻夷奉貢惟沙漠胡虜未遵聲教若置之不治恐歲久醜類爲患

邊圉。若欲窮追遠擊，又恐六師往還萬里，餽運艱難，士馬疲勞。陛下欲爲聖子神孫萬世計，要不過謹備邊之策耳。脩邊固在足兵，實兵又在屯田，屯田之制，必當法漢。本始中，匈奴帥十餘萬騎欲南爲寇，漢將趙充國乃將四萬騎分屯九郡，而充國統制其間。則當時之籌畫區分，槩可想見。我朝諸將中，勇智謀略數人，每將以東西五百里爲制，隨其高下立法分屯，所領衛兵以充國兵數斟酌損益，率五百里屯一將，布列緣邊之地，遠近相望，首尾相應，耕作以時，訓練有法，遇敵則戰，寇去則

耕此長久安邊之策也。又何以勞師萬里求僥倖之功以取無用之地哉。上嘉納焉。洪武

程都御史富鎮甘肅，奏言陝西行都司梁州等衛城内多空地，官豪占據，軍士賃住，艱苦無訴，乞取各城被占空地盡撥與軍，無力者官爲蓋造，俾得安生，以養銳氣。其沒官田土，加添稅糧，不能及其子孫，反貽鄉里之累。自今籍沒產土，乞依時價賣米上倉支用，民免負累，官無逋租。永樂

戶尚書沈公固，宣德間以參政同武安侯鄭亨鎮大同，

兼總督邊儲、乃陳邊計曰、臣在邊年久。頗知大同地利其在中路有青楊林馬頭山等處。西路、有樺皮溝行院屯等處。東路有爛柴溝陽和灘等處。土沃而多水草洪武永樂間。俱有居民屯種。畝收穀至二三石。今宜令諸戍所屯步兵。於所近沃野開耕。乘間講武。至秋收成。官爲斂發而出納之。足國裕民。莫過於此、宣德

正統四年、松番用兵不效、上命王忠肅公翱出贊理、七年、東虜殺掠吏民、震動遼東西、且撼漁陽、命公督撫遼東、景泰三年、南蠻寇兩廣、兩廣副總兵董興、武毅、觀望

不肯戰巡撫侍郎揭稽李棠不相統賊益熾命公總督兩廣軍務初公入四川專布恩信招懷降附出賜金帛牛酒慰犒番酋商巴等十八寨來歸不煩兵力松番遂定遼東法令久弛不復知有朝廷賞罰以故虜至不敢戰戰亦不力公至諸將庭衆責其翫寇喪師失律當斬軍中股慄頭搶地言自今效死用命得釋公即出巡邊起山海抵開原繕濬墉溝五里爲堡十里爲屯烽燧斥堠珠連璧貫千里相望虜見嚙指走公益簡練卒伍賑賙窮乏偶配鰥寡人情大悅邊塞孤遠軍興輒匱緣俗

立法細大收贖十數年間得金穀馬牛羊數十萬邊用充饒器械明利士皆飽煖願得一戰報王公逾年督諸軍出塞大破虜斬首千級比至嶺南亦用收贖法時公威望已著諸蠻聞公來大懼公畧兵威推誠撫諭盜賊止息酋長信向公嘗言蠻戎撫捕各有機宜以故四川兩廣得免繹騷之患正統

王忠毅公驥征麓川諷者云有象陣公思象畏鼠此閒何得鼠乃廣收猪苗數百爲備臨陣果然悉放猪苗于前象懼退以此師遂得勝正統

閩副使戍與都御史張楷禦賊至金華取猫竹二百根令軍人截作鴨兒笆共三百五十用白紙畫成獸面五彩粧錦鎗着笆夾住不得退賊衆萬人奄至官軍分三陣戰左右合擊射殺五百餘人執長鎗者又爲鴨兒笆奪下赤手被獲餘賊四潰正統

土木之變郕王監國虜數擁帝叩關羅公通以兵部郎守居庸上言該總兵官楊洪差兀魯都指揮報說虜使至懷來供張甚具將至居庸待虜使宜如懷來虜先遣使臣通後送駕回京臣聞之慶其必有大詐恐名送帝

實圖大衆窺燕居庸關雖可守然湯衛口䟽林口北關口方良口近因土木潰散軍士蹂開路道深有可憂臣竊見前代鄧艾取蜀蜀人却守成都備艾艾從劍閣緣厓而入蜀已破而成都守者猶不知劉裕取秦秦守潼關備裕王鎮惡乘舟遡渭至咸陽秦已破而潼關守者猶不知居庸固京師後門相去百里而遥一失守則虜入京師在旦夕耳臣徧閱諸阨塞有口可通人馬者七十所可通人不通馬者一百三十所須多方固守防虜窺伺之隙臣職卑權輕于總督不稱乞上命大臣一員

委以生殺予奪之權、總督軍務、然後關可守、關門固、則京師亦固、惟上裁察、於是上僉廷議、即陞公副都御史總督軍務、便宜行事　正統

羅公通守居庸、言榆林、土木二處、草場俱有積埰、及遺下草束、田禾欲盡行燒燬、使虜至無所掠、報可、但係近關糧草、多差軍馬搬取入關備用、其餘悉燔之　正統

土木之變、虜騎將薄都城、衆議欲焚通州倉以絕虜食、周公忱時議事京師、請檄示在京官軍旗校、預給一歲之糧、各令自支、則糧歸京師、又免輦運之費、不數日、虜

至通州無所掠而去、正統

巳巳虜入犯、鄒公來學以僉都御史提督山海、簡練部伍、整飭關隘、疏言京師四塞之地而虜酋敢深入者以有險不守故也、今言者類以歛人畜窖芻粟爲計甚非安攘之策、臣謂莫若分遣文武大臣有智勇者選在京士馬各處要害振揚聲威首尾相應虜若深入則內外夾攻必得其利若徒擁重兵京師倉卒分調未免緩不及事之患、廷議多是公言、正統

葉文莊公盛給事兵垣、當巳巳之變、率同列請誅將臣

扈從失律者然後練兵選將誅虜復讐一日三疏虜退請明賞罰言效勞如孫鏜死事如謝澤韓青宜賞以示勸守關不嚴赴難不力者不可不罰以示懲陞都給事中監守城兵時北虜方張大臣有奏遷邊兵守京師者公言今日之事邊關爲急往者獨石馬營不棄則六師何以陷土木紫荆白羊不破則虜騎何以薄都城邊關不固縱守京師不過保九門耳急宜固守宣府居庸便遷山西右參政協贊獨石諸軍務時八城俱創虜僅餘一毀垣公至則皆冉新之蒐卒乘除戎器地多斥棄請

官銀五千兩買牛千頭摘戍卒不任戰者屯田給軍中
諸費八城相去遠甚無邸舍風雪寒雨行者病之公於
官道旁每十里爲垣屋一區中置爨臥芻秣之具守以
邏卒名曰煖鋪過者如歸諸城附郭膏腴俱爲權力所
占公理出之得五千餘畝自將帥參隨至軍餘皆分授
之限以周垣題其門曰某隊菜圃人得均其利焉又爲
之立學校置醫藥贍卹扶傷纖悉備具自是邊人懽洽
漸以富强稱雄鎮矣天順二年召爲右僉都御史巡撫
兩廣公以兩廣軍興費逋鹽筴置關焉榷之鹽寔蛋夷

所患私賈不能禁乃請許鹽商計鹽多寡入米餉邊而後出境於是公私兩利之八年移鎮宣府宣府公故所叅政地益大課屯田收其羨易戰馬至千八百匹增築堡七百餘虜至烽堠輒發不得掠人畜成化間進貳秩宗復進少宰受命視虜河上因議方畧上言搜河套復東勝未可輕議唯增兵守險可爲遠圖宜令守臣剷削邊墻增築城堡收新軍以實邊選土兵以助守便上從之

景泰

葉文莊公令各邊管糧部官責其月報米價貴賤歲收

厚薄如其豐收米賤之時那借官銀數十萬兩多糴米穀貯倉或計今年所糴可足後二三年之用即以後二三年該給糧銀又於他邊米賤處所收糴或查應解邊糧地方時價米貴則量令折銀解邊備糴景泰

大司寇劉公廣衡爲都御史時閩浙巨盜據官臺山爲亂奉命討平之因察其嘯聚之故以山有銀場連亙深僻賊得以潛竄其中即命伐山通道奏置壽寧縣以便巡視定兵壯戍守之法患遂息景泰

李都御史侃撫山西時榆林乏糧草戶部奏遣官督徵

公恐逼民逃竄，檄下停止，然後奏聞，其有擔荷如此。景泰

李襄敏公秉，以都御史總儲宣府，瓦剌入貢，公上言迤北使臣納哈赤等三千人，馬駝畜四萬餘匹，除進貢外，存養宣府，日支草料。宣府草不過二十萬束，料二萬石，我兵尚不給，何以供虜使。且永樂宣德間，虜使進馬，官驗不堪者，令虜草地牧放，不許入境駐劄，窺伺。正統間許住牧大同，以故深知地利，數犯邊。今虜使畜多，譎詐之計，不可不防。四年，掩土木鷂兒嶺戰沒遺骼萬五千，請下大同紫荆諸鎮並掩，凡十數萬。公嘗上言邊多空

地。而守城諸役外。復有閑曠軍餘。請量支宣府官銀三萬。買牛給與耕種。秋成償其價。軍民樂業。邊餉亦足。汰宣府尼僧配軍士無妻者。虜以所掠男婦易米。朝議每大口米一石、小口五斗、虜不肯、公曰、是貴米而賤人也每口與一石、總兵官以爲非例、公曰、何忍使吾赤子爲夷人耶。擅專之咎。吾任之。後聞、上竟允、景泰

郭忠武公登、初至大同、士可戰者不及數百、馬百餘匹不數年、馬至萬五千匹、精兵數萬人、常恨馬少、步卒追賊不及、乃以己意設爲攪地龍飛天網、鑿深塹覆土木、

人馬通行如履實地賊入圍中令人發其機自相擊撞頃刻十餘里皆陷文用砲石擊賊二發五百餘步人馬俱斃景泰

隆慶保安州軍民先因達賊犯邊驚移山東河南避難年久不歸李襄敏疏行二省出榜曉諭許告所在官司給與批文量口支糧易於回還甫半年軍民盡皆復業各城操軍倒死官馬輒典賣妻女賠償公以前次牛種餘剩者每隊給牛六隻令歇操時耕種所收子粒定倉交納給與官銀令廉正把總官收掌遇有倒死官馬無

力買補者，并軍裝無力措辦者，給與之。邊軍深得其惠。先是各衛設倉場，收放糧草，官儹軍衛管轄，奸弊百出。公奏將倉場改隸隆慶、保安州，州設判官一員監收。於是宿弊悉蠲，稽舊積馬草不堪者，支與燒造窰磚，而免積爛。先年達賊深入，因斷採樵之路，城中拆屋以供爨燎。公令各衛城堡屯田軍餘，辦納子粒外，不許別差。每軍有牛者採辦一大車，無牛者一小車，運赴委官收守，遇警量給燒用，以免折屋之患。成化

有達賊近邊收放，廷議遣都督楊俊出境擊之，李公秉

疏謂邊墻外皆夷虜牧放之地彼未犯邊若掩其不意而襲殺之是倖功賞而開邊釁昔姚崇爲相不賞邊功亦此意耳上嘉納之召俊還成化

江西盜起贛州刼掠會昌信豊諸縣勢甚熾擢李公昂爲巡撫公至即痛繩官吏之不用命者議立營堡壓賊巢穴使不能出别募勇敢士與兵民同操習已而進兵賊皆披靡斬獲不勝數公又以賊雖滅當立守禦計葢會昌與福建接境萬山阻絶爲上杭武平流賊所聚雖嘗有兵守而寡弱不支宜即會昌立行都司以統諸衛

創巡檢司於龍南要害地。庶保無虞。奏上皆從之。成化

都御史謝公士元撫蜀。吐蕃生熟二種相煽以變。邊吏告急。公曰。比其發。吾不可包荒。兵法曰。致人而不致於人。吾用之。乃托行邊繕亭障。嚴斥堠。選軍實。若不知其爲變者。虜亦幸其未暴。率其醜來獻羊豕。羅拜道左。公搴帷。徐行。命譯者揚國威武。虜一步一拜。麾之去。奸民多代輸邊儲。實不時納。公核其數。得隱粟十三萬有奇。成化

威寧伯王越與保國公朱永帥千人巡邊。虜猝至。主客

不嘗，永欲走，威寧止之，即揮兵上山爲陣列自固，虜疑未敢前。薄暮令騎皆下馬，銜枚魚貫行，毋反顧。自率驍勇殿，從山後走五十里抵城，虜不覺。明日乃謂永曰：「我一動，虜躡擊無噍類矣。結陣示暇，形也；以惑之，也；次第而行，且下馬無軍聲，故虜不覺也。」成化

成化十二年七月，北城兵馬吏目文會言：荆襄自古用武之地，宣德間有流民鄒百川、楊繼保等聚衆爲惡，正統間民人胡忠等開墾荒田，始入版籍，編成里甲。成化年來，石和尚、劉千斤、李胡子相繼作亂，遣大臣撫治，而

處置失宜。終未安輯。今河南歲歉民饑。入山就食者。勢不容已。敢保無後日之患。謹條陳處流民三事。其一荆襄之地。土地肥饒。皆可耕種。遠年入籍流民可給還田土。收籍管業。其新附籍領種田土。編成里甲。量加存恤。欲回原籍者聽。其發充軍逃回者。就編本處衛所。其二流民潛處。出沒不常。乞選府州縣正官及軍衛守禦文武皆得其人。則流民自安。其三荆襄上流。爲吳楚要害道路多通。必於摠隘處所添設府衛州縣。立爲保甲。通貨賄以足其衣食。立學校以厚其風俗。則其民自日趨

於善矣。都察院是其議請移文撫治都御史原傑斟酌處置從之成化

韓襄毅公雍開府梧州歲調湖廣卒萬人貴州卒五千達官卒四百番上操練以重軍鎮復遣參將楊廣副使孔鏞僉事陶魯等四征不靖並緣谿峒江海流賊剽刼處應機勦滅各賊悉平乃增築城堡改易卒乘鑄鐵柱繫浮橋以遏賊渡製木牌驗編戶以絕姦細通鹽法以助軍興營屯田以省轉餉出官柩以瘞亾卒培松櫝以葺賢祠開布恩信民夷感服凡公所設施戢兵理民之

法皆著爲令遵守弗敢變小變即夷民不肯奉行曰非韓公法也成化

陶公魯每行兵兵不與知其調兵食運器械率先半年或數月多寡無常惟曰屯寨戍守其發兵檄即裨將不與知惟檄面署曰某封某日某時發及發乃知進兵即數路如期至又多疑兵故東西多寡賊不知方與數賊雖置耳目於左右無可窺測賊遁則戒兵勿進賊弛備則急取之其剛柔操縱在手故賊遇之即殪文無能遁者常夜宴客客部兵掩賊樽俎未徹而馘已獻坐客不

知也。成

陶公魯之用兵也，于公署後爲池，而亭其中，居常不安橋板，夜靜乃呼敢勇之可與謀者三數人焉，先度一人與之謀，既反，然後復度一人，又與之謀，盡三數人之謀而擇其可臨期制宜，則出三數人之外，雖三數人亦不知也。成化

方布政守參滇藩時，孟密夷故主木邦，當道右之，孟密大縱，木邦危如綫，公任撫勦之責，計曰：于厓怕愈奪印芒市，放旦放彬爭官讐殺，此皆連數年不治，盡先之，乃

榜示群酋而宿兵以待群酋畏感縛怕忽出印以獻放旦放彬囚首服罪於是刻漢緬書小榜編給諸夷諭以順逆禍福黨附者多解體孟密勢轉孤遂悉還故所侵地夷言曰事始如是奚至有今煒作軫旋再往遂定隴川夷兒頗習中國語製儒巾衣擇漢人教之風隨還今建學焉成化

丘參政璐經理甘肅肅州隣極邊公以戎主速檀阿黑麻戕殺哈密都督罕慎遂經畫調發築若峪城且徵苦峪赤斤蒙古罕東等衛頭目愛馬等詣肅州宴賞撫諭

及安插哈密殘破夷人都指揮阿木郎等一千員名給以農具牛種夷人用謐。成化

鄧襄敏公廷瓚爲程番知府時，程番新設，地居萬山中，夷獠雜錯，又百具未舉。公至，即悉心規畫城郭、街衢、祠宇、廨舍，次第興舉。檄諸夷受約束，於是夷皆感化，程番俗遂埒中土云。後黑苗叛，公爲提督，招撫不從，決策勦之，斬首六千，生獲二千，寇平。上言：都勻、清平故設二衞，屬九長官司。厥後世祿驕縱，稔惡釀患，致夷獠侵奪四十餘年。今黨惡削除，非大更張不可。事下兵部如議，於

是始設都勻府獨山麻哈州清平縣流土官兼治焉遷左都御史總督兩廣益事安靜不職吏直去其甚者諸司濫設咸奏除之蠻刼掠卒出没閩楚諸郡上言都御史金澤巡偏方非宜當以江西委之俾諸司並節制即軍糧可調度云而湖廣衡州設兵備遷治郴州便又言廣瀧水故爲賊巢宜即其地立千戶所調新兵守禦給隙地屯種爲久計上皆可焉公善醫爲方伯時雖小吏有疾必親胗視又善奕爲中丞時雖土夷知奕者畧崖岸與之奕以是周知閭里俗尚蠻徼險要成化

高都御史明、僉南臺時、楊州鹽寇作、守兵失利、勅公督捕、公造巨艦、榜曰籌亭、往來江南北、督戰、諸並江高山置邏堡、望候賊、賊出沒蹤跡輒露、不得逞、會遣中官及錦衣衛校卒五十人、籍首惡家、公慮變起、館穀之、不使出戶闥、分遣御史督兵擒滅九百餘人、盡得之江海間、立靖、中官鬻私鹽、又擅執儀眞、指揮卒鬨不可解、公撫卒、令勿譁、籍鹽入官、乃劾奏如法、成化

余肅敏公子俊、以副都御史巡撫延綏、延綏自正統中都督王禎鎮守、始城榆林及十八寨、成化七年、始置衛

八年公請復廣榆林城增添三十六營堡盡補陝中伍籍之脫落及罪謫南戍子孫不能南風土者皆聽還伍以寔榆林凡軍中器用百爾具備率範銅鐵爲之欵識以歲月又建學立官師擇其少者爲弟子員於是邊有城堡軍士得勸力以樹蔬果并開界石外地使與屯田歲得糧十餘萬石而榆林始爲重鎭矣東渡河連大同西接寧夏虜不敢復恣肆出入公又上疏言陝西有三邊延慶寧夏甘肅三邊之中延慶爲內地國初逐出北虜遠遁黃河外至正統初渡河犯近邊始於沿邊立界

石創營堡築墩臺天順以來虜知東西諸邊各據險以守難窺伺唯延慶一帶地無險阻可以馳突屢來犯邊掠我邊人爲鄉導遂知河套所在入屯其中自是虜顧居內而我列屯守禦反在其外臣以爲莫若于沿邊一帶墩臺空處築爲邊墻立砦堡况舊界石一帶多高山陡崖依山形隨地勢或剷削或累築或挑塹綿引相接以爲邊墻實便報可於是東起清水營紫城砦西接寧夏花馬池東西二千里每二三里間爲對角敵臺砦連比不絕空處築墻如新月狀以偵敵避射凡堡十有二

崖砦八百一十九小墩七十有八大墩一十五自是虜寇益稀矣。成化

余肅敏備邊專以守爲長策旣修邊墻抽軍餘涓民爲兵量爲資給不入操不出襲就近爲團各有分地聞警則據險拒守或邀其歸故寇至弗得入入亦弗得利凡攻襲募盜竊爲偵出擄家鴿見虜縱歸遠近多寡皆有私記又揀草烏濡針教偵者被大馬皮夜入賊中刺其良馬公嘗上言邊務曰臣觀大同地方山川平曠宣府地方一半相等門庭寇至車戰爲宜大率萬人爲一軍。

戰車五百餘輛，用步軍千人駕挽，行則縱以爲陣，止則横以爲營，車空缺去處，用鹿角柞補塞。凡戰士器械不勞馬馱，糧糗不須自齎。若虜賊合衆對壘，彼用弓矢，止有百步技能，我用鎗砲，動有三四百步威勢，運有足之城，策不飼之馬，此守邊簡易之法也。復具圖本五：一下兵車營圖，二擡兵車營圖，三擡鹿角柞營圖，四下椿繩營圖，五擡椿繩營圖，其説甚詳。上可之，遂造戰車數千輛，爲練武圖以教士卒。（成化）

馬端肅撫遼東時，奏遼東地方三面受敵，故兵分三路以備外侮。廣寧爲中路，開原、遼陽爲東路，前屯、寧遠、錦義爲西路。遇有警急，彼此應援。切見遼陽迤西一百六十里，廣寧迤東二百里，有遼河一道，分界遼之東西。氷結則人馬可行，易於應援。或遇氷開賊先擾之，我兵雖有渡船，不能猝濟，彼此勢孤，悮事非小。正統十四年，虜犯廣寧，遣兵據此，已有明驗。今請造大船十數，横列河中，下聯鐵索，上加木以爲浮橋。兩岸竪大木爲柱，總繫其纜，遣兵護守，以便往來。設或有警，則東西聲勢相連，不至誤事。從之。成化

戴都御史珊撫鄖陽時諸府豪右多窩宅流聚為利公刻日聽自首練為兵（成化）

夏都御史塤撫四川時夷獠歲為寇公立互知會捕法賊得以不熾古州苗以萬數徙居爛土幾年矣有讐播州宣慰者誣為盜引將逐之公亟奏曰制馭苗蠻當如虎狼其靜也若棄而不使懷疑其動也必帚之而不使為患今靜而故使之動何哉松參將請益兵曰將不在兵兵不在衆乃揀精銳四千八百人往更之而一無所增（成化）

都督許公寧言諸營守兵多者千人少者八九百近選三千爲游兵守堡者益少兼大同戍兵萬人各自爲統臨陣不用命不若還兵原堡而令總兵游擊分統客兵則力專而守易便詔從之成化

都督王公信鎮湖廣靖州時武岡蠻久不靖守臣議勦公巡邊召諸苗犒以牛酒諭逆順苗稽首謝曰累歲若麾使徵索故疑懼今將軍待我如此願致死不恨因請爲舁肩輿以示敬于是公疏言湖廣蠻夷雖腹中之蠹實無能爲但邀功者覬倖其竊發以爲利今但選精鋭

加防守而靖之以恩信其患自息荆襄流逋意獨逃避徭役伏山谷今已長子孫濫加誅殺恐傷和氣南畝之農無所蓄積收獲未竟饑糧已空機杼纔停布縷何在乞選公正仁惠守令大加存恤濫陞武職無慮千百無一矢之勞冒崇階之賞乞查勘削奪所部指揮劉斌張全智勇過人力薦于朝且云英俊之子處心剛正寧肯抑心低首奔走媚求若不曲加攬訪則賢才多隱志士沈匿　成化

張布政吉備兵府江敎士習射懸金爲的中者與之又

以意創鴛鴦鋭偏架弩府江山川盤結林木蒙翳或扼要害或縱斧斤以奪其藏伏之所東西二賊相爲犄角東賊慓悍尤甚遂并力於東數月之間斬獲甚衆由是西賊聞之亦皆自戢弘治

李恭敏公鐩奉命經畧密雲邊備公至則簡將廣儲治壁壘作坑窖濠塹以遏賊奔衝且以潮河川直通虜境川面濶百丈乃於川口狹處因其兩山之勢高接石墻千餘丈俱抵川口止餘九丈深濬丈餘以通會流勢湧如峽兩岸復設墩臺舖舍宿軍居守仍令自墾荒田千

益以資衣食用堅其心虜賊自是不敢復犯弘治

[redacted]北虜謀犯邊上命兵部侍郎李公介經理宣大至則虜方犯洗馬陵等處公即分遣將士四道並出虜退公遂遍歷營堡策勵將士籌畫便宜鎭兵匿役者勾稽得萬二千人又募丁壯萬五千人訓以待用大同舊有官田萬餘頃聽軍民耕種而納其租直於官謂之牛具錢近卒爲勢要所兼幷而邊軍顧以追賠馬價被笞掠公甚憤之按出其田得銀數千兩以資馬價軍士遂逭追併之苦弘治

張公海爲少司馬時、會土魯番侵擾哈密、累歲未已、命公往治其事、公至、請罪鎮守以下官三人爲誤事者之戒。且謂禦戎之道、當先固我疆埸。如永昌鎮夷。北近甘肅。永昌既被殺掠。而鎮夷人戶牛羊蕃壯。虜尤垂涎。兩路孤懸。實難防守。宜擇有謀勇者二人。各率游兵二千。互相策應。內既無虞。徐圖其外。則番族小醜。不足治也。既乃條議謂哈密寄居邊城。供費不貲。非長策。令其地殘破。旁有苦峪城。合給與耕具糧種。遣回居住。特設酋帥一人。副帥三人。各給冠帶以統攝之。而哈密下人。叛主投順土番。願爲鄉導者。其家族寄居于此。必來省視。或充貢使而入。密識其人。亟爲擒捕。至土番歲利金繒之賜。宜閉關却絶。勿與交通。待彼計窮求款。再議處之。沿邊關鎮。雖有嘉峪一關。卑隘不稱。宜加修築。更展城垣。以爲貢道偉觀。而虜騎所窺要地。須預屯重兵若干。以便應援。練游兵若干。以候調用。儲芻粟若干。可備五年之需。則庶乎有備。而外患可免也。尚書馬公然其策。輒覆奏行之。於是土番始相畏服。而哈密漸得以自立矣。弘治土魯番侵奪哈密，爲邊患。趙都御史載，時以副使備兵甘肅，議者欲擣魯番擊之。公言外攘必先内治。宜實糧餉，利器械，固堡寨，謹斥堠，用間諜，及倣趙充國墾田故事。食足兵乃可舉。否則虛内事外，徒啓邊釁。疏上，議遂寢。公于是築意屯種，開鹽召商，實粟塞下。期年而士氣奮，所戰克捷，番酋牙木蘭、帖木哥等，率衆降者萬餘人。

弘治

都御史鄒公昊，司理真定時，值韃官盜掠行旅，人莫敢攖。公曰，彼恃騎射爾。吾民亦能射。於是懸金示賞，不數

月邏卒皆稱善射諸韃官多被捕獲乃不敢爲盜弘治

羅參政安在蜀既諭降大壩賊矣雲貴道經大壩永寗永寗蠻以易茶爲豨每出行劫土官莫能禦公易置堡砦設集塲于境上立通把主之商旅稱便戍珙青山各種僰囉與漢民交易輒致爭殺議者欲建長官司不果公團集土著使成村落而禁諸僰囉于本境交易不得更互出入民夷遂各守其業不相凌暴弘治

柳州府馬平縣主簿孔性善言溪洞猺獞恃險竊發殺掠吏民及官軍討捕則退入深谷操强弩注毒兵潛守

隘口。率不能獲。宄頑自恣。為患益深。乞于賊人出沒之地。立寨置兵。扼其襟喉。斷其出路。譬猶穴中之鼠。技窮食盡。可以盡勦。然此雖盜賊。豈無良心。昔者陳景文為知縣。時猺獞皆應差役。厥後長吏撫字乖方。始復反側。誠使守令得人。示以恩信。諭以禍福。彼雖宄頑。豈不革心向化。為良民乎。上嘉納其言。弘治

都督劉寧鎮甘肅時。嘗繹古者上之法。以五十人為隊。隊五重為陣。建五色幟。又各建五巨幟于中軍。中幟出則同幟應之。循環無端。每戰用是取勝。弘治

大司寇屠公勳撫順天時、整飭薊州諸路、謂密雲孤懸有警救援不相及、潮河川積石漫衍、守截爲艱、黃花鎮拱護諸陵、而守備單弱、奏分薊州爲中路。以密雲建昌爲東西二路。使互相策應。于潮河川作捨城虎路。具藺石布蒺藜鑿坑窖。而于其内埰石爲城。蕃育人馬。于黃花鎮。增置營壘及戍卒三路。旣分。潮河黃花皆有備。繇是兵勢聯絡。賊不敢犯。熊兒峪操營。去水十餘里而猪圈頭閼多水患、歲苦修築、公至嘆曰、無水而安營。捨要地而屯沮洳。皆兵之忌也。奏徙操營于南平峪。就水泉

移關于南北水峪。省費無算。弘治

都御史凌公相爲苑馬卿，居遼六年，蒐餘丁，清牧馬，歲增萬計，督修邊城，負城有山曰十方寺，高數十丈，廣可十里，爲夷虜駐馬所得伺城中虛實，公指麾散夷園之境內，且諭以吾故地與之立券，示無相背，自是醜類失險。竟不敢窺遼陽。正德

都督周尚文正德中任凉州副總兵，以套虜善泅，時渡河，乃築墻百里，募力士持長竿鐵鈎伏渡口，賊至輒鈎殺之。正德

都督馬公永、正德中、以叅將守太平寨、虜入塞、再創去
充總兵官、冶三屯、盡簡諸軍、散遣其老弱、聽其農市取
其庸倍給諸健武者、健武卒咸奮習武藝益精、當是時
漁陽一軍稱獨雄、所守中路擦崖子當胡人出沒之地、
絕無城寨墩堡、民方耕牧、輒被虜掠、公曰、此不可以旦
夕戍也、乃令部下具一月糧、親率材官五兵、營于崖表
列陣如長蛇、鈎戟長鎩、據崖藺石、營內砍木伐礱、百工
咸作、匝月間城池廨舍、次第立興、雖軍士之釜甑場圃
亦皆與具、然後乃遷、至今爲一壯寨　正德

屠簡肅公僑爲御史時，巡按居庸，周覽關隘，飭城堡，繕障隧，嚴甄邊將勇怯材鄙。時承平久，人溺宴嬉，巡撫臧、兵備舒見公所爲頗過之，公曰：此國之北門，司鑰者夙夜寅畏，猶懼有失，乃縱共懈弛乎？邊墻以塞諸口，林木以厚險固，日消月損，一旦有急，將何以扼虜？僑非敢過嚴好名，或者公等不爲國慮耶？臧、舒拜手曰：公眞御史也。正德

流賊劉七屯兵近圻，要朝廷宥罪，延議將從之，文襄執不可，曰：中原百姓敢稱名煽亂，罪在不赦，宜易將增兵

殄滅乃已薦陞完提督軍務及賊至鎮江公貽書於完願以拯溺救焚爲念星馳前去量帶西北勍兵千人半駐江北以爲聲援半渡江南以備截殺彭提督仇總兵人馬亦於南都以東隨便屯駐防遏一以壯金陵之保障一以爲瓜真二壩之防又思此賊出沒無常或奔淮楊通海二州以趨山東則淮鳳之兵不可撤山東之地不宜虛卒之金山之捷如所料云正德

鄧都御史庠撫河南時流賊八百餘騎劫曹縣梁靖口公遣指揮徐節引兵扼之舟無大小盡拘泊南岸嚴守

以待賊不得渡河又遣參將宋振以精兵千人要擊於封丘大敗之斬獲首級及被虜人畜俱委參政秦金覆審具奏公又巡視汴城西關居民無慮萬家舊無城郭恐賊突至無以爲禦乃輟祥符等縣修河夫二萬名即汴城西挑塹築城深高各二丈廣亦如之延袤一十五里繇是賊不敢犯汴民賴之正德

蜀盜横兵部尚書彭公澤往征之彭公疏請張公嘉謨偕行張告彭公曰蜀地險阻用兵爲難今王師西征賊心震恐勢必不支若順流而下則荆湖之憂方劇矣公

若分兵屬僰谿漢中取道以扼夔峽公以大兵取重慶以蹙賊則成擒矣彭公深然其策後卒奏功如公策云

正德

胡端敏公世寧副臬江西時治兵撫州諸郡時華林瑪瑙姚源盜大起江西兵素單弱應募及土兵調者又桀驁不可使公日夜撫循漸爲勒束陣法陰募招賊降者散爲農而擇其勇健置麾下兵始强上平賊二策惟勦與撫舊撫者不勦再叛者不撫新起者必撲滅于微持此三端官有定守民有定志恩威不至倒施崩解之亂

可息。正德

陝西馬政多廢弛、初　高皇帝通互市諸番、番欲得漢地茶、願以馬易、許之、命曹國公李景隆、以金牌往、得馬萬九千匹、分隸諸苑監、自後往來不絕、憲孝時、禁稍解、私茶盛行、番人無利於官、馬至者漸少、時議復舊制、楊文襄公一清、時以副都御史經理之、至則大申飭故律令、召募市易、爲嚴其出而寬其入、斥去貪腹屬吏、居數年、馬蕃蕃息、公又奏准每年於陝西按察司、選憲臣一員、于臨洮府駐扎、巡禁茶馬、文添注鞏昌平凉府同知官不時聽委又題准招商自出資本買茶轉運茶司每一千斤價五十兩大約計官銀萬兩舊買馬不過千匹若此可得馬幾三千匹其利在官與開中商茶不[redacted]同至今以為便正德

時虜賊大舉勅一清經理邊務兼巡撫陝西公上疏陳邊事劾罷總兵武安侯及兵備不職者數人請釋緣事守備楊宏使自効栽抑鎮守中官支應歲省數千金創城平虜紅古二處以援固原築垣瀕河一帶以捍靖虜虜遂不敢渡河正德元年改總制三邊兼理馬政公疏

言陝西各邊延綏城堡據險。寧夏甘肅河山阻隔。賊雖侵犯。爲患猶淺。惟花馬池至靈州一帶。地理寬漫。城堡稀疎。兵力單弱。一或失守。虜衆拆墻而入。犯我環慶。寇我固原。深入我平鳳臨鞏。其間漢土雜處。內變或因之而作。根本動搖。誠非細故。成化初年。巡撫寧夏都御史徐廷璋。修築邊墻二百餘里。濬溝塹一道。其在延綏地方。邊墻壕塹。又得巡撫都御史余子俊脩濬完固。北虜知不能犯。不復入套者二十餘年。世平人玩。邊備稍疎。墻既日薄。溝又日淺。弘治間虜輒拆墻而入。致上廑宸慮臣歷官陜西有年虜情邊事頗常究心但腹裹頻年旱荒倉廩空虚饋餉不繼虜賊動號數萬倏聚忽散未警至而廣徵士馬則徒費芻糧既至而調兵應援則緩不及事縱使大兵既集務速則彼或不來持久則我師先老嘗聞防邊之計莫危于戰莫安于守臣恐坐談不如親見自慶陽環慶延綏定邊寧夏花馬池興武清水營直抵寧州一帶沿邊城堡墩臺躬親閱視廣集衆思兼收羣策叅酌損益始有定論其大要有四修濬墻塹以固邊防增設衛所以壯邊兵經理寧夏以安內附整

餉韋州以遏外侵當務之急莫先於此今之河套即周之朔方漢之定襄赫連勃勃統萬城也唐張仁愿築三受降城置烽堠千八百所自是突厥不敢踰山牧馬朔方無寇歲省費億計減鎮兵數萬受降遠在河外古之舉大事者勞而後佚類如此受降據三面之險當千里之蔽正統以來浸失其險舍受降而衛東勝已失一面之險又輟東勝以就延綏則以一面之地遮千餘里之衝遂使河套沃壤爲虜甌脫巢穴其中深山大沙勢固在彼而寧夏外險反南備河此陝西北虜之患所以相

壽而莫之能解也茲欲復守東勝因河爲固東接大同
西接寧夏使河套方千里之地歸我耕牧開屯田數百
萬用省內運不然則陝西用兵殆無虛日民窮盜起禍
將何極及今將延綏寧夏一帶邊防設法整飭賊來有
以待之雖非上計猶愈無策醜虜聞知或數十年未敢
輕犯我得休養生息東勝之議未必終不可復也疏上
勑公經理二年瑾惡公公遂引疾去正傳
楊公總制時閱舊築邊墻自紅山橫城高厚堅完儼然
巨障念成功之甚難歎前志之未遂感而賦詩有老去

寸心猶不死仗誰經畧了餘忠復入城訪求各管衛部領之賢否而更置之。調邊軍之困。本縣科差煩重。而私役買閑。爲弊居多。屯軍地去糧存。逋逃萬數。而湖地草灘。半爲將領所據。反役軍採取以自封殖。於是鎮守太監總兵而下各退出占役軍士并草灘湖地乃行巡撫將本鎮馬步軍士稽查實數造冊在官凡有征調全隊以出一切雜差循次撥用毋得脫者時延綏鎮巡奏欲因燒荒會諸鎮兵搜索河套零賊公上疏謂漢中流賊未平。調去沿邊官軍數多。邊城空虛。而河西達賊屢肆捨攘。況河凍後。達賊入套。各鎮兵馬。正當養鋒蓄銳以俟。今乃無故出境搜索。縱得數輩老弱殘敗餘寇。何補於事。而往回動經旬月。糜費糧料。傷損馬匹。所得不償所失。且舍門庭侵犯之虜。而尋伏藏逃難之賊。取笑外夷。又移書當道。極論其事。竟寢不行。正德

黃簡肅公珂巡撫延綏。嘗以歲例燒荒。天忽陰翳。風氣慘烈。公曰此虜氛也。命輕騎數百伏山背。賊果率衆突出。伏起殺之殆盡。寘藩作亂。傳檄以誅逆瑾爲名。三邊騷動。公用間得其僞檄寄諫於朝。且陳入事調寧夏城

中有慶王在內。人效忠義者多。請早出兵以伐其謀而奪之氣。固原官兵。宜過河防守。請增設憲臣。總制軍務。嚴守備。餙兵馬。定召募賞格。選州縣民兵。以助王師。赦何錦丁廣部下。以開自新之路。速賞近日有功官軍以勵人心。奏上。多見採納。隨遣總兵侯勛、參將時源分守黃河。扼其要害。賊聞之不敢出。遂至於敗。先是瑾請遣官覈沿邊屯地。各鎮畏威。奉行惟謹。遂有寧夏之亂。獨延綏遲之。民賴以安。正德

陳都御史金。督兩廣。深以府江賊患為慮。奏欲移平樂

守備於昭平增撥民快弓兵巡哨而於沿江地除山勢險峻賊難踰越處所其餘但有徑路可通賊行者或堆砌亂石以塡塞之或斫取大木以阻遏之其稍平夷處則開掘深阱斷其往來仍調郴州慶遠田州三府壯勇土兵三四千名分耕沿江荒田官司各以牛具種子給之仍給以行糧暫於梧州庫所貯官銀或倉糧查給待荒田成熟罷給五七年後量輸租稅仍於其中擇素有謀勇衆推服者立爲摠小甲以管束之又數年後事體既定或設長官司或設巡簡司令其分番往來哨守巡

邏而民快弓兵始一切不用兵部議上詔一一如擬施設。正德

方劉瑾亂政寧庶人已蓄逆謀瑾誅又結錢寧張雄日夜詗中朝事幸有變又劫持省臣賂諸文武大吏逆謀益著乾清宮災羣臣輒請建儲庶人多輦金璧通奸優臧賢遺諸奸臣欲且徵庶人子諸奸臣得賂以好語詒庶人庶人自以爲事十成八九日恣橫生殺不可禁朝議選才節大臣摧其機牙陞孫公燧爲副都御史巡撫江西公聞命歎曰投艱于我死生以之攜二家童入南

昌南昌洶洶謂庻人旦暮得爲皇帝諸省臣附黨及擧賊依倚者相助爲聲勢公旁盡庻人奸黨言動輙告庻人公周防密晝不令奸黨得窺宸濠逆謀有迹顧念宗室不敢先事訟言但託禦他寇曲爲備首城進賢又城南康城瑞州南康安義鄉者盗賊淵藪割近地開爲縣饒撫二府罷兵備公曰緩急曷倚奏復饒撫兵備不果又請　勑湖東道分巡兼理兵備與饒相犄角九江當湖衝最要害請重兵備權兼攝南康寧州武寧瑞昌及湖廣興國通城便控制廣信横峯青山諸窯地險人悍

設通判駐其地兼督六縣公積憂勞數月髭髮盡白濠反首遣婁伯招誘賊黨至進賢知縣劉源清斬伯乘城拒守濠又遣人招窯賊窯賊有官司在不得發諸逋賊至安義縣有守吏不能走故盡獲湖廣浙江以饒撫故不被賊禍公又先令兵局徙兵器於他所濠使人詣兵局取兵器無有乃括民間農器炊釜造兵歷二十日始就其時王公守仁移文遠近徵兵一呼響應兵集數萬所過供餉未嘗乏絶則皆公前爲之所也 正德

王公守仁討沮宸濠之出假寫兩京都御史火牌云提

督兩廣軍務都御史楊。爲機密軍務事准兵部咨及都察院右副都御史顔咨。俱爲前事。本院帶領狼達官兵四十八萬。齊往江西公幹。的于五月初三日。在廣州府起馬前進。仰沿途軍衛有司等衙門。即便照數預備糧草。伺候官兵到日支應。毋得臨期缺乏。悞事定行照依軍法斬首等因。又假寫南雄南安贛州等報帖。日逐飛報府城。打入省下。一以動搖省城人心。一以鼓勵吉安效義之士。又假寫迎接京軍文書。云提督軍務都御史王爲機密軍務事。准兵部咨該本部題奉　聖旨都督許泰郤永以邊軍四萬繇陸取鳳陽道都督劉暉桂勇以京邊兵四萬繇水取淮陽道督臣王守仁以兵二萬自南贑發楊旦以兵八萬自廣西發秦金以兵六萬自湖廣發皆會趍南昌務要遵照方畧并心協謀依期速進毋得彼先此後致悞事機欽此等因移咨到職除欽遵外照得本職先因奉　勅前往福建公幹行至豐城地方卒遇寧王之變見已退往吉安府起兵令准前因遵奉　旨勅候兩廣兵齊依期前進外看得兵部咨到緣繇係奉朝廷機密　勅旨皆是掩其不備先發制人

之謀。其時必以寧王之兵尚未舉動。今寧王之兵已出約亦有二三十萬。若北來官兵不知的實消息未免有悞事機。以本職計之。若寧王堅守南昌擁兵不出。京邊官軍遠來。天時地利兩皆不便。一時恐亦難圖。須是按兵徐行。或分兵先守南都。候寧王已離江西。然後或遮其前。或擊其後。使首尾不救。破之必矣。今寧王主謀李士實劉養正等。各有書寄本職。其賊將凌十一閔念四亦各寄差心腹前來本職遞狀。皆要反戈立功報效。但得寧王早離江西。其中必有內變。因而乘機夾攻爲力甚易爲此合用手本備開緣繇前去煩請查照裁處并將一應進止機宜計議停當選差乖覺人員與同差去人役星夜回報施行須至手本者即選差慣能走遞家人重與盤費以前事機揚作實情備細密切說與令渠潛踪隨即星夜前來南京及淮揚等處迎接官兵又尋訪素與宸濠交通之人厚加結納令渠密去報知寧府又假寫回報李士寔劉養正書云承手教密示足見老先生精忠報國之本心始知近日之事迫于勢不得已而然身雖陷于羅網乃心罔不在王室也所諭密謀

井老先生斷不能及此今又得子吉同心協力當萬萬無一失矣然機事不密則害成務須乘時待機而發乃可不然恐無益于國而徒爲老先生與子吉之累又區區心所不忍也况今兵勢四路已合只待此公一出便可下手但恐未肯輕出耳昨夜閱諸將遣人密傳消息亦皆出老先生與子吉開導激發而然但恐此三四人者皆是粗漢易有漏泄須戒令慎密又曲爲之防可也月畢即付丙丁知名不具又多寫告示及招降旗號開諭逆順禍福及寫木牌等項動以千計分遣雷濟蕭禹

龍光、王佐等分投經行賊壘潛地將告示粘貼。及旗號木牌四路標插。又先張疑兵于豐城、示以欲攻之勢。又遣雷濟、龍光將劉養正家屬在吉安者厚加看養、陰遣其家人密至劉養正處傳遍消息。初時宸濠謀定六月十七日出兵、因聞前項反間疑沮之謀、遂不敢輕出。賊兵等候宸濠不出、亦各疑懼退沮。又見四路所貼告示及插旗號木牌、人人解體、日漸離散。公寫假火牌、將發時、雷濟問曰、寧王見此、恐未必信。曰不信可疑否。對曰疑則不免。公笑曰、得渠一疑、彼之大事去矣。官兵方破省城公忽傳令造免死木牌數十萬莫知所用及發兵迎擊宸濠于湖上取木牌順流放下時賊兵既聞省城已破脅從之衆俱欲逃竄無路見水浮木牌一時爭取散去不計其數二十五日賊勢尚銳值風不便我兵少挫公急令斬取先却者頭知府伍文定等立于銃砲之間方奮督各兵殊死戰忽見一大牌書寧王已擒我軍毋得縱殺一時驚擾賊兵遂大潰次日賊兵既窮促宸濠思欲潛遁見一漁船隱在蘆葦中宸濠大聲叫渡漁人移棹請渡竟送中軍諸將尚未知也正德

王文成公在豐城聞變，宸濠追兵將及，公潛入小漁船，自縛印敕，與雷濟、蕭禹同載得脫。將發，問濟曰：行備否？濟禹對曰：已備。公笑曰：還少一物。指船頭羅盖曰：到地方無此，何以示信？于是又取以行。明日至吉安城下，城門方戒嚴，舟不得泊岸，濟禹揭羅盖以示城中，遂懽慶開門迎入。公危迫時暇豫每如此。正德

王文成公以南贛地連四省，山險林深，盗賊盤據，當事者不勝忿，多調狼達土軍，動經歲年，糜費逾萬，有損無益，乃使四省兵備官於各屬弩手、打手、機快等項挑選

驍勇絕羣胆力出衆者每縣多或十餘人少或八九人務求魁傑或行召募大約江西福建二兵備各以五六百名爲率廣東湖廣二兵備以四五百名爲率中間有出衆者優其廩餼署爲將領除南贛兵備自行編選餘四兵備官仍其原額量留三之二委諸縣賢能官統練專以守城防隘爲事其餘一分揀退疲弱不堪者着其免役止出工食近解該道以益募賞所募精兵專隨各兵備官屯劄別選官分隊統押教習之如此則各縣屯戍之兵既足以護守防截而兵備召募之士又可以應

變出奇盜賊漸知所畏服矣正德

都御史王公雲鳳備兵洮岷時設立禁約一團鄉兵令山陝沿途一帶府衛州縣軍民三丁抽一十名編一小甲五十團爲一隊立一總甲給與鎗刀銀價除雜泛差役令有司軍衛正官管領使其父子兄弟自相保守仍號民壯舍餘有警給與甲馬從巡撫官調用有功依例陞賞一募邊軍若有才力人信服者不拘旗甲舍餘義官里老人等優禮勸諭能招集本族及一應土民逃民舍餘人等五十名以上爲軍者與試所鎮撫每五十名

加一級。若府衛州縣招致三百名以上者，掌印官亦陞一級，仍行湖廣、河南、山陝、淮楊等處，不拘礦徒、鹽徒、淘金等項，其爲首有才力之人，能招集壯丁五十名以上者，除百戶。一惜糧賞。言軍官問罷降級，各邊帶俸差操，不許管軍管事甚多，直待終身，方許替職。但此等官多老疾買閑，身亦方襲，虚費糧賞，乞查精壯，督發邊操，不係首將失機者，仍令管隊，有功贖罪，老疾不分所犯輕重，就令精壯兒孫襲替，但支降級之俸，差操有功，照舊。其降總旗及充軍老疾者，就將月糧住支。正德

李康惠公承勛當　武宗末巡撫遼東遼地非鄰沙漠則遼海瀋陽鐵嶺諸衛撫其背南枕滄溟則海蓋金復旅順諸鎮扼其吭東臨鴨綠則廣寧遼海寧遠諸屯掣其肘西接山海則玄菟樂浪盧龍諸軍制其命惟開原孤懸絕域密邇奴兒干而黑龍混同諸江禿魯艾葱諸河東金西金諸山諸夷窺伺者莫可犄角公奏請築邊墻而賊不時撓我難就于是使別將馬士廉伏兵于西以禦清鎮之寇楊鎮督兵西北以闢松靖之險劉勇康牖分兵兩路以除定遠慶雲柴河之道而身負畚鍤先

士卒不日而就尋又城中固鐵嶺斷陰山遼河之交城蒲河塞女直冠城撫順道建州貢詣要害悉復東夷稍寧

正德

都御史何公棟開府薊州遍歷關險自山海抵居庸延袤二千餘里修築邊防分爲十區計區戍兵計兵設將遠近衝緩各相聯屬一遇警報互相策應復恐兵分勢寡各設游兵列營應援因疏安攘六事上悉允行自是醜虜震慴疆埸寧謐矣仇鸞貪功請伐朶顏福餘泰寧三衛上降勅令公會勦公抗疏諫止謂三衛爲我

藩籬。世修職貢。庚戌之變。實逆酋陳通事哈舟兒爲之鄉導。乃若因茲小醜。大開邊隙。是自撤藩籬。增一勍敵。如社稷陵寢何。伐衛事竟寢。頃之、公密遣將士指授方畧、擒鄉導二囚以獻、嘉靖

楊康惠公志學撫寧夏時、推行搶上入倉之法、又懸銀的于百步之外、令勇士射之、因以爲賞、花馬池舊墻稍下、虜每毀之而入、且中多沙磧、隨築輒圮、夏人歲修之、公請於朝、築而增高者三之一、增厚者四之一、凡三百餘里、增置敵臺二百餘所、警鋪七百餘楹、沙圮者即堅

土而改築之凡五十餘里墻成公復建議曰花馬者固原之門戶固原者花馬之堂室不守花馬而守固原縱賊入門縱橫堂室然後驅逐晚矣宜守花馬爲上計後總督松石劉公因許主事論之言奉奏行之大議實自公始　嘉靖

少司寇陳公堯巡撫四川時滇大酋鳳繼祖跳之建昌滇撫臣檄公擒之公曰建昌去滇一水而兵不渡將嫁禍蜀也急之則窮獸且挺緩之一夫力耳繼祖覘知公無他意束身歸　嘉靖

都御史朱公紈平閩浙寇初賊船出沒有司相戒越申養成寇亂公乃散給軍門飛報小票不問大小官司使各填寫互相傳報先報得實者縱有失事明示末減又沿海官兵保甲嚴設防範使賊船不得近港灣泊小船不得出港接濟坐困賊船于海相機追擊賊既被擒其黨謀乘間劫獄日携衆聚海沙中偶語遠近觀者數萬人漳州太守盧璧驗賊晴地脫肘恐變出不測夜坐達旦公乃傳令軍前斬其渠魁李貴等九十六人梟示爲害地方先後以聞 嘉[illegible]

都御史吳公維嶽撫貴州貴州半雜夷道多剽掠公分道遣材官護游校偵察之嚴踐更懸賞格夷寨各立夷長籍記寨中諸夷若干人保界分區界内有犯坐夷長於是諸夷無敢竊發道乃通　嘉靖

山西被虜創甚朝議增重總督事權河南山東並聽節制孫公存爲河南左轄上方畧於督府曰愛養民力以破虜計收用不逞以散虜與出搗巢穴以速虜歸設伏出奇以挫虜鋒重懸賞格以購虜首許貢給賞以薄虜毒燿兵防秋以奪虜氣神道設教以惑虜見先聲虛喝

以擄虜心。總督翟公大稱善、嘉靖

大司馬毛公伯温、奉勑理宣大山西、初大同巡撫張文錦令參將賈鑑以兵萬人築五堡、鑑不能柎循其衆、爲所殺、後遂無敢言堡事者、公歎曰、昔之生變。繇所任非人。非建議謬也。即故鎮川弘賜二堡廣之、增築三堡、相去各二十五里、募軍三千實其中、蠲廢田之租、使耕以自給、設一參將、領五指揮守之、五堡錯峙、聲援易及、警報鮮至、嘉靖

聶貞襄公豹守平陽時、歎曰、是其民饒於財。虜所必攻

也。爲書諭富民、及釋其罪之疑者、得金二萬餘、修郭家溝、冷泉、靈石諸關隘、募兵六千人、親教練而使守之、虜果入雁門、趨平陽、平陽既有備、又遣間諜泄機事、虜大驚遁去。嘉靖

胡叅政堯元、任廣西、土酋岑猛守田州、以兵力凌轢他郡、中丞姚鎮疏請征猛、問計於公、公曰、岑施王達爲猛敗、失其職守。慫猛深。今若許其立功還故職、則二人樂用、歸順者、猛之南屏也。猛親在焉。猛急、必遁歸順。趨交趾。若使人陰結所親、以啗吭之。功乃萬全耳。鎮奇之、遂

屬公鎮南寧湖兵至檄至監軍都督指揮沈希儀等五將軍帥兵八萬分道進竟用公策使岑璋圖猛酖而斬之嘉靖

翁襄敏公萬達以副憲駐南寧既擒憑祥龍州諸酋討平斷藤峽乃議四峒四峒介思明忠州間守臣議所屬未決公議上督府曰四峒府州互爭久矣今欲明歸一方勢必啓釁縱使官協民亦靡從若不中分其地以弭怨讐然酋類瓜連若于離析疆塍緯錯尤費區畫議者又欲立所立縣夫縣則治之太詳所則徒費無益皆非羈縻之道也不若以其地割屬南寧府特設撫民通判一

員治之築城建署戍以指揮分保甲設峒老而畨役於
通判內能撫輯其衆無奸法者給冠服榮其身通判指
揮能其職奏旌之以五年期效督府如議公使人諭之
峒民歡若更生願附南寧峒酋黄賢相逆命公揚言大
征畬搆會峒民令自爲計毋從賢相俱死又千金以購
其首賢相懼請降嘉靖
南大司馬李公遂爲操江都御史時江洋盜充斥公嚴
令兵船遍換廵警往返江上不絕禁沙船雙桅者不復
入江而又截取弓兵工食募徐邳之健捕者容布江岸

曰、千里長江。風帆倏忽。必欲一槩取之江中。此盜賊之所以得肆也、今吾以兵船迭哨江中。而以健捕伺發江岸。當無有漏網者矣、不踰月、盜賊屏迹、商旅宵行、又江南席承平、武備浸弛、每歲雖有會操之規、止完故事、公初任、有日本人附賊舟者、捕得之、訪其渡海入江之路、詭曰、日本人亦至此乎。其漸可憂也。乃奏改教場、修戰艦、講陣法、募通泰之善水者、使教習水兵、而又創爲鳥銃及連弩各數百具、人皆謂爲過計、公曰。十年後東南有事。當思吾言也。嘉靖

虜大入陝，王公瓊逐虜去，因上言鹽池北邊虜，虜覘商人過，輒入剽掠，商以是絕不肯來。請外修塹護之，然多風沙易滿，改築墻，虜既阻墻不得進，商乃肯稍復來，邊人以配楊一清。嘉靖

胡都御史東皐備兵威茂時，西番耿卓構亂，巡撫唐公鳳儀檄公擊走之。時居民脅從者千餘人，乘敗逃歸，總兵貪功，謂公曰：此輩已從卓亂，殺之得首級千餘，真偉功也。公厲色曰：若輩非願爲亂者，但爲卓所脅，殺之與卓何異。總兵悚然而止。公復言於唐公曰：賊勢滋大，以

兵收之實難。乃還茂州、悉罷兵以携賊、搆得親信頭目二人、捐俸金厚賞之、諭以利害、二人悟歸、斫賊首以獻公、撫其餘黨、西人悉安。嘉靖

胡公東皐撫寧夏、率萬騎巡邊、周觀形勢、思懷永圖、謀於總制王公瓊曰、寧夏自鎮城、至花馬池營。横亘一百八十九里。實在虜地之内。藩翰不堪保障。而賊虜横入其中。每勞師動衆。巨費不貲。非築長城以捍之。不可。既協謀疏奏、許之、公即身任其事、督憲副齊之鸞親率士卒而城池之自鎮城、至花馬池營及河東河西鎮城南

非迤邐賀蘭山一帶及定邊營共延袤三百餘里皆築墻塹壕置立墩堡及營房千餘間以居屯種樵牧時旱久土踈井泉難得公爲剗木接賀蘭之水以濟甫八月大工告成先時虜入爲患不可屯種公既築城乃移軍居之使開屯田教耕種蘇是軍食足而轉餽省矣寧夏官多軍少一官到任選軍一畨更亂成規雜以各伍以至兵不識將將不識兵一遇大敵往往僨事公上疏請革其弊編立司隊以本衛之官轄本衛之軍凡鎮總衙跟隨軍伴俱於步操軍內撥用其教官經歷等衙門伴

嘗俱於民丁內派撥定爲額設不得越規上班則隨軍操練下班則跟官聽役一以均軍士之勞逸一以革軍官之奸弊自都指揮以下應名冗職又奏革百餘員冗費約而軍賴以安嘉靖

吳都御史時來爲松江司理甫至會倭踞柘林以窺內境而郡守方君臥疾公攝城守奉檄監軍日夜治戎具乘城戒嚴寇勢逼士女爭趨城公悉縱之入入而無居者爲擇閒曠地舍之城隘民衆壅汚蒸染因大疫公四啓水關便輸薪穀者因其歸舟以穢滯出之又多置藥

餌躬行視療疫良已郎土諸兵過吳門總臣張公計犒逾時衆大譟及至松撫臣周公屬公除備公虔水道所繇就福田禪林外立營壁令土官以兵至者各署部伍舟人遞之入以次受犒惠均而費不冗諸營帖然客兵素獷悍剽掠即不異寇公爲好語結其酋長數輩日率之以狗於郊刀斗相屬酋或弗戢呼其長縛治之迄終事無敢犯者比張公移鎮境上有親兵取人一縑公鞭之數十張怒讓公公不爲動徐對曰公用兵以安民也。忍庇兵殃民乎。張愧而止明年四月寇猝至攻城甫甚城崩西南隅數餘丈、人情洶洶、撫按兩周公倚公急、公晝撤屯戍第、以箭弩數十人扼其衝、兩公危之、公進曰、兵多見弱。稍示之暇。彼將不虞。且淖濘安能登。即登。從高殪之。易耳。兩公謝不及、時內徙之民、薄城而居、類以苫蓋、公慮爲火箭所及、亟撤之、而陰識其姓名於屋材、夜遣卒運之城外、以爲木柵、扞修城者、卒且股栗無敢前、公首馳一騎出南門、皆從之、平明柵畢、三日而城完、復以柵材還爲民屋、則固昔所識也、賊知我有備、棄而北走、將突南都、公建議曰、欲窘賊所如。顧方畧何如耳。

第決震澤水斷松陵道賊能飛渡耶當事者從之急檄
吳江令泄湖水出平望趨澱山湖嚴以水兵塞諸隘賊
果繇檇李道平望阻水不得進徘徊一堤中自相踩踐
我兵出其不意先後邀擊之斬首三千餘溺死者無算
此王江涇之大捷語備倭者快之本謀實自公也嘉靖
翟尚書鵬撫寧夏時寧夏承安化之後將士驕惰邊方
廢弛軍士率習匠藝占役於鎮守各將領私宅其差守
墩者類皆貧寒老稚甲去乙來頻年不歇甚至夫撥守
墩妻爲坐鋪公至盡將前項占役查出共得二千二百

七十六人定爲番上之法，稍常守者遂得八月安閒。先年虜中走回人口帶來馬匹，俱爲諸將所有，公則官爲估價易買，查給無馬官軍騎征，其不堪騎征者給發各驛走遞。嘉靖

翟尚書鵬總督宣大時，冢宰松臯許公欲傾天下財力修復大同大邊二邊墻，廷議難之，公乃建議挑修壕墻一道，深廣各二丈，且壘土爲墻，高復倍之，延袤三百九十餘里，添築新墩二百九十二座，護墩堡一十四座，添設守備操守十四員，起蓋營房一千五百間，得地一萬

四千九百餘頃以地募軍每軍給地五十畝得軍一千五百名事半功倍省費殆數十萬計　嘉靖

山西節年修邊動勞閭省夫役隨修隨圮竟無成功翟公鑾委軍門聽用主事劉燾督同各鎮主客擺邊官軍壯夫等各就分定地方修築扡穵墻墩敵臺綿布聯絡崇崖峻壁屹若金城窖穽深溝險如天塹　嘉靖

山西三關中爲寧武雁門在其東偏關居其西西路六堡繞二百里自參將以下置有守臣八人東路十八隘口延袤四百里則止代州設有守備廣武站設有備禦

各一員東西疏密懸絕故節年大虜入寇山西率由東路翟公鵬奏改神池參將于代州移代州守備于廣武站改北樓口備禦爲守備移駐紫荆關而與廣武站守備分管十八隘口又於北樓口添設游擊應州添設參將各一員於是東路始有守臣六人募兵增戍據紫荆倒馬之衝爲畿輔保障眞經國遠猷也嘉靖

曾公銑在邊置慢炮法炮圓如斗中藏機巧火線至一二時纔發外以五采飾之虜騎羣至拾得者駭爲異物聚觀而傳玩者墻擁須臾藥發死傷甚衆虜未測所謂

惟以曾爺爺呼之一日虜衆薄城公令偃旗息鼓啓門設木架架上立金眼回回舞不自已傍屋置鐵鍋數百益虜所甚欲者虜見作如此狀未敢直入遂擁覘於門外人畜稠疊紛亂不已城中號起乃回回架上大將軍砲先發觀者已成虀粉而城上火器四放伏兵俱出殺獲無算嘉靖

銑嘗令人製疏孔竹簍數千久積不知其所用一日報虜至銑度其暮當至其河悉令沉之因伏兵其旁虜至渡河馬足多陷孔中彼此牽掣伏兵乘之因以大勝往

植榆塞外以阻虜騎虜輒拔之銑製木人長尺許中藏機毒置之樹下虜攫之輒中毒死竟無敢拔所植者又製地雷穴地丈許櫃藥于中以石滿覆更覆以沙令與地平伏火于下可以經月繫其發機于地面過者蹴機則火墜藥發石飛墜殺人虜驚以為神嘉靖

西海虜酋大同令其部落綽卜等款寨求市銑言茲虜自嘉靖十年以來或遣人通好投獻金牌進送馬匹回營之後竟不還報多因衰謝之餘并言緩我邊備即使盡率部落來歸不免分處內地養虎貽患尤宜慎重將

緋十等量加犒賞令還諭大同等果乞通貢市或欲協
禦套虜虜策功祈賞須親詣軍門聽候處分如似往歲一
去不返即置勿問事下兵部覆如其言嘉靖

虜吉囊入寇十八盤犯平定嘉陽盂縣銑念三縣俱在
兩山中虜騎所不至倘或導之出故關擾畿甸下臨淸
孰能禦之臨淸商賈輻輳百貨駢集足啓戎心請築臨
淸新城是歲山東大祲銑即召饑民爲役城以倏成歲
以不害然虜入已遣小哈兒者自雲中入直抵臨淸窺
我虛實賴銑法令嚴密旋就擒獲嘉靖

都御史王公忬、按順天時、虜大入薊塞、將薄都城下、公策通州聚六師之儲、虜必犯、單騎馳之、部分將士登陴而守、盡撤河東岸艤舶、虜至不得渡、詗知有備、乃引去、上方憂虜爲旰食、得公疏、知所以守通狀、則大喜、乃超拜僉都御史、經畧通州、以東諸軍事、公議汰京營冗兵、省漕粟以養沿邊戰士、又請築京師外郭、爲居人儲胥、無至餌賊、設薊遼保定總督重臣、屯兵通涿昌平密雲爲四鎮、鎮各萬人、以壯聲勢、固根本、通救援、上多采用其策、嘉靖

仇鸞爲帥，當支餉，喝王公以軍興法，欲有所要取，公佯不省，而身歷諸宿兵要害處，皆爲伏芻粟，即鸞所遣騎異道至，咸取給無悞。公復上言兵所過，計食麁備，萬一大軍與虜角，而所轉煤炒熟食甬道，逼虜不易達，大軍既前角虜，勢不能中分其兵以援餉，請預得捐三千騎付臣，因糧車爲戰守，可以無乏軍興。報可，鸞無以難公，卒愧詘。嘉靖

南刑侍王公大用，巡撫大同時，疏備邊四事：一議罷按伏，益以游擊二員爲添設，每員挑選各城兵三千，高坐

城站不出。名爲按伏。徒費行糧。無益也。一議變糴買。大同糧草。脚價數倍。奸商假勢領文。展轉貿賣。而價日增。合於緊要城堡。量行召納。各城遇豐。每軍給銀七錢。令自買。歲歉。則令有力軍官領銀糴貯。軍官有祿位。即有侵盜。亦易追賠。一議革守備。陽和平虜右衛。既有參將。又設三守備。占役頗衆。兵力益分。一議減哨備。大同有大邊。離鎮二百餘里。二邊一百三十里。三邊四十里。道里遼曠。停障聘睍不相屬。卒有緩急。胡以救助。而游徼偵卒。恐遠覘爲虜所獲。輒伏匿近地。以故瞭報不符情

實而偶爲虜生致者又盡以我軍虛實告之且士卒月
廩必具轉車人徒齎至二邊仍多遣將校分部護之率
鍾致一石而爲區脫鹵獲不與合移入二邊并力爲便
改撫順天兵部會議防勦事宜公復疏三事一重賞罰
大要欲以衝鋒破敵與陣亾者爲上賞斬獲首級次之
追逐邀擊者又次之二酌律例言守備不設被賊入境
失陷城塞者斬擄掠人民者杖發邊遠充軍盖爲其尋
常玩冦戰守俱虛故也例雖申明此意却云官軍遇賊
交鋒若有損傷擄掠俱問守備不設大失律意葢能與

敵交鋒、則非不備之兵、間有損傷搶擄、亦兵家勝敗之常、若槩問前罪、則恐觀望畏避、幾可乘而坐失、衆欲奮而牽持、非所以作邊將之氣也。三覈功次、夫功次冒濫非特勢要攘奪而已、或妄殺人口、或用銀買求、此各邊通弊、今後驗功、合令同隊同陣職官保結、方准造冊、如虛、將保結官查照冒襲軍職欽例、罷職揭黃、則姦弊可杜矣、上皆嘉納之、嘉靖

虜犯山西太原至澤潞、壞接彰衛懷三郡、又犯忻代、先聲將寇汴城、巡撫丘公養浩、上豫防諸疏、略曰、方今禦

虜莫如守。嚴據關隘，賊不能入境，上也；保城堅壁，俾賊坐困而還，次也。又曰：虜入寇之路有四：北自遼州入，稍南自潞黎入，南自澤州入，東南自垣曲入。若十八盤、毛嶺、吴兒峪、碗子城、秦嶺口，其咽喉也，賊所必繇，我所必守。故咽喉所在，界山西，進守不嫌于侵界；河南退守，不惜於棄，以兵法惟在扼險云爾。公歷觀山險，調勁卒礦夫於各咽喉拒守，又調游兵各為應援，虜不得乘虛而犯。嘉靖

都御史周公滿為憲副時，委清保薊宣大山西五鎮邊

儲，於是識邊鎮之智帥才臣，素著多勲者，各以戰守攻禦之宜，堡徼築設之備，與練習資帖賞罰信必操切之方。乃上疏言：畿甸所病，今在民兵。臣嘗細詢將領，諸問邊人，知北直隸民兵可用，山東、山西、河南次之，若南直隸者不可用。蓋直隸素多武勇騎射之士，一呼雲集，平居往往有恃之以作禍者。今用之操練本土，不以爲勞；調戍薊州，不以爲遠。風土相宜，音問相及，恒有激烈求試之意，故爲可用。山東鎗手，歲調宣大，其人粗悍猛厲，不難就効。河北義士，忠勇素稱。山西近邊之民，身親戰鬬。但選材有方。未可槩取。故稍爲可用。乃若南直隸者。脆粟之飯。不能下咽。沙磧之場。不能張目。一馬裹裝重至百斤。一行跰血。趨不百里。況望其能摧鋒破敵。鼓勇立功者乎。故曰不可用也。爲今之計。無如留北直隸一營民兵。平居操練。遇秋應援。其山東河南山西者。則免其二千。役其二千。使相幇帖以俟後處。一以蘇徭役之困。一以精武士之選。至於南直隸者。勢須槩罷。但解支費以給北戍。是以兩省給一軍。兩人併一騎也。以壯爲衆。以飽爲逸。莫便於此。上卒用其言。嘉靖李布政承式備兵榆林，榆林故朔方地，軍素不習陣，公用握奇及八陣六花遺意，翻圓機管陣圖說，大要立隊伍，明分數，審形名，因山川形勢之宜，講步騎合離之變。陣間容陣，隊間容隊，魚貫雁行，觸處爲首，奇正相生，變化無窮，而躬自訓練指麾，一時旌旗壁壘皆變。又采武經要語，著爲殘鈴集要，令行間講讀，不期年，人人知兵，遂爲諸邊冠。嘉靖

吳參政玭飭兵鎮南，蒐士卒，立保伍，明法令，察盜所出沒，根拔苗薙，境以大寧。清遠峽險多盜，以率六百人鑿

山三十里爲梁二十有一舟得挽以濟籍民舟之賈於海者什伍爲綱紀約寇至共擊之其去爲盜者衆發之不發與連坐海寇頓戢 嘉靖

沈都督希儀在柳慶時有劉現盧回者思恩土酋也韋貴徐伍與爭峒地不勝思嫁禍於我以千金賄他將上變都御史蔡經經從衆議勦之而劉盧連敗韋徐乃乘勝攻圍武緣勢張甚公自柳慶謝病家居蔡令參議陳茂義都指揮白法就公問計公大言曰二公不畏死事濟矣。陳曰奈何公曰非謂即死。顧胆大耳。陳曰豈少我

耶。公曰、不然。吾知公足辦此。以故月禍出此言也。夫劉
盧爲仇所迫。非故反我。其愛生惡死。豈與人殊。誠用儀
計。至武緣盡遣諸軍。而以數老弱卒從公。入其營。數言
可撫而定也。陳曰、彼職吾不倫、見留奈何、公曰、彼固求
生。安敢犯公。幸諭之曰。若輩爭峒地。今攻武緣。何也。且
仇家欲甘心久矣。奈何又以武緣爲口實。若不自愛乎。
彼感泣悔罪。則又諭之曰。今朝廷有事安南。若誠悔罪
胡不束身自効。而羅衆兵于峒。仇家將若之何。二酋必
踴躍聽命。公以善言撫之。可不棄一矢。奪萬人鬭志也。

陳曰、若是而公以爲出言冐禍何也。公曰、他將得千金、業已舉事。今欲散軍、保無危言相激乎。二酋使公以出保無他慮、令中變乎。吾計行、必見仇於他將。此吾禍之所始也。陳毅然曰、吾爲公保之。公起、手納牘陳袖中曰、投之蔡公。此吾之招狀也。二酋、公至武緣、如公計不失分寸、兵遂解。以二酋歸、而他將入千金者、終始相尼、一墮公計中、不果行。瓊南五指山熟黎那燕、本馴順畏法。知州邵濬者、黷貨虐使之、而黎叛、連結感恩古鎮諸黎爲變、兵入年不休。公言于督府曰、泆家斷獄、必分首從殺人者那燕使那燕殺人者誰乎。今崖感古鎮。相煽從逆。如虎投穽。勢不可釋矣。萬州陵水。未有黨惡之寔特踪跡之嫌耳。而并欲除之。其視首禍如何哉。且其被勦撫定數年。未聞有他也。疑而勦之則傷仁。撫而勦之則隳信。儀謂莫若止出三哨。獨擣其首惡。首惡平。諸異志者褫魄矣。是公以生賜萬州也。都御史歐陽必進聽之。公遂并伍道兵。以中哨入崖州。而以左右哨當感恩古鎮。縛其首惡符門欽那燕那捧等五千四百有奇而黎平。嘉靖沈都督希儀嘗奏言于朝曰：狼兵亦猺獞也，猺獞所在爲賊，而狼兵死不敢爲賊者，狼兵地隸土官，而猺獞地隸流官。土官法嚴，足以制狼兵；流官勢輕，不能制猺獞。若割猺獞分隸之旁近土官，得古以夷治夷之策，可使猺獞皆爲狼兵矣。或慮土官地大則益難制。夫土官富貴巳極，勢不敢有他望，又戀巢穴，非能爲變。及其萌芽，圖之易也。且夫土官之能用其衆者，倚國家之力也。不然，肘腋姻黨皆勍敵矣。國家之力足以制土官，土官之力足以制猺獞，臂指之勢成，則兩廣永無盜賊。其論

甚偉、然世莫之能用也、嘉靖

都御史陳公儒、任漕撫時、倭夷繇通泰寇揚州、揚當運道之衝、舳艫啣尾相接、又運司設城外、鹽商輻輳、居民數百萬、賊尤垂涎、公奏築城、下令所屬邑鎮、如皋、泰興、海門、瓜洲、一時并築、城甫完而賊至、居民皆入城守禦、粮運入瓜洲城、徙運司積稅入府庫、賊至一無所掠、大詬城下、而公所調兵亦集、乃晝夜登城、督將士力戰、前後斬獲數百級、賊遂遁、嘉靖

唐公順之之禦倭也、分別水中禦賊功次、以來船去船

而重其賞于來賊之首級蓋去者殺人刼財已滿其欲殺一賊止是一賊若殺來賊一人却全活數命故得來船真倭首級者雖不同之陸地首級而亦優厚其賞則爭擊來船者衆而賊之登岸者少矣嘉靖

王公鈇之禦倭也先署鄉豪爲耆長或一長而部十人以至四之五之令各自團習旬而操試總會于教場中程則賞不中程者罰其長以充賞費別以五方之旗令各自爲隊人給以年貌牌用則群集而聽指揮不用則各從其長團練而待援不費公帑一錢不須召募一令

而立具精卒四五百，無不人人用命，公之御豪，真所謂狙詐咸作使也。嘉靖

倭難作，俞公大猷鎮守浙直，公言防江必先防海，水兵急于陸兵，蓋倭奴長陸戰，令樓船高大，集萬銃其上，倭船遇之，輒摧壓焦爛，固我兵所長也。善戰者毋以短擊長，而以長制短，且海戰無他法，在知風候，齊號令，以大舟勝小，以多勝寡耳。于是用舟師戰，而舟山積歲不除之賊皆勦。嘉靖

歲甲寅，海上倭亂起，萬公表以都督僉書南京中府道

經姑蘓時賊據七團八團爲巢我軍數戰不利公謂巡撫周公琓賊據內地久近賊處民不得力田逋負日多催科敦迫相率去而爲賊是驅之以助其勢也宜亟請蠲積逋懸賞格使就中作計以携其黨兼下募兵令土著之餉等客兵則人人樂歸如得士千人即賊減千人也以較用他兵孰利議行歸者寖衆賊寖衰乃進兵賊懼夜遁殲之海上焚餘艎若干內地稍甦公策夷情洞如指掌而論北虜尤人所未發嘗曰古夷狄侵中國未有中國人不爲之用而能突入者比年虜入太原中外

章疏。類多擊截之計。所薦用者。大都善戰善陣之人。而於籌邊固本之道。則置而勿論。夫諸邊自將權移。邊政廢。屯田鹽法壞。而邊儲日不充矣。邊儲不充。而士卒殍死者衆矣。以致士心日離。叛亾日衆。凡叛亾之卒。虜皆厚遇之。與婦生子。給以牛馬孳息。土俗漸宜。心無變反。而後用爲向導。故地里之迂近。兵力之強弱。貨財盈虛。人心離固。將帥勇懦。事勢難易。皆得預知。而諸邊饑餒劬瘁之卒。聞先叛亡者。幸少須臾無死也。輒相繼以亡。而不亡者亦無固志。是則深可憂耳。嘉靖

戚都督繼光之禦島夷也謂江南多沮澤行者不得比肩而行陣與西北同何以戰乃爲鴛鴦陣陣十有二人隊長前次夾盾次夾枝兵次四人夾矛次夾短兵樵爇居後其節短其分數明其步伐合地宜其器互相爲用乃以所募義烏良家子三千人服習之嘉靖

許公論督府命下遂經畧邊徼分爲十區各以憲臣監之區分衛援爲主守兵分奇正爲犄角至今從之嘉靖

督僉呼良朋奉命征府江部分諸將爲四隊絕險並進悉平之而又念江岸紆阻林菁蒙密易以藪姦即今日

撲之、異日將復聚、憂未已也、乃區畫善後八事、其大者置戍建堡、分旧給餉、勿爲賊嵎、以其間令戍卒芟蒙翳、治橋梁、郵置亭館、絡繹不絶、兩江之間爲坦途矣、嘉靖揮僉陳一忠之備遼也、遼最難守者爲十方寺堡、蕭后之萬花莊也、左上林、右汀泊、孤懸塞外、虜時入左右地、而無知之者、虜去則坐罪于十方、一忠丈立表、表横繩、虎豹鹿熊斷者有跡、馬跡者夷也、踵之而遁矣、居二歲遠斥堠、嚴烽火、虜無敢入者、城在山上、女婦汲于河、多爲所鹵、爲築甬道亘二里、而虜不敢襲、軍在臺者、故編

柳爲酒斗馬尾爲巾網以供徒客不偵虜虜乃入邊外
爲遼河參將造十舟取魚堡分其半入漁者没虜則罪
在堡是害大于利參將亾害也一忠焚其舟而革爲斗
網參將大怒辱之遂以疾辭嘉靖
戶侍鄒公守愚參政湖廣時悍苗不悛督府檄公會議
公上書曰悍苗稔惡不聽招撫專事抄掠實無遠謀麻
陽鎮筸粗修隄備然村落編氓實受其禍譬之搏摩虎
豹使共守犬羊若非威刼必至吞噬使其跳梁無已馴
至橫不可制則向者奏凱之疏徒爲空言況今兵荒之

後疫癘大作即有深謀尤難展布遍詢客詗賊所忌者火攻耳近與侯僉事購得佛郎機依式製造分給各寨且永保土人數非不多進無厚犒退有幸生安能得其死力賊所畏者蠻猺耳亦與侯僉事召募精鋭俾充游兵往來巡警邀截惰歸又以我邊珉或多用命聚弁村落編立保甲扼險固守遠邇聯絡一處有警互相應援即如糧餉五寨之去高泥不過二十五里歛其兵卒不敢遠去屢截屢返況欲出戰乎使游兵一設非獨以疑賊心且亦可護運道目令辰沅雖旱粟蕎頗收屯秋二

粮先以軍餉爲名姑令半徵餘俟蠲免人亦樂從買穀貯米調酌盈縮計亦不匱督府悉行其議嘉靖

楊襄毅公博以僉都御史巡撫甘肅初罕東諸屬番畏土魯番侵擾避居肅州境上久之其衆滋繁蓄患叵測公廉關外若干里缽和寺等地可田可廬因與總督尚書王公以旂謀召諸番酋犒以牛酒因語之曰若輩久覊於此旣不能歸胡不爲久遠計諸酋曰爲計奈何公曰此去其處水草甘美吾爲若築城堡作渠壩給耕具使若等定居長爲藩蔽如何諸酋咸頓首曰幸甚公乃

築白城、威虜、金塔等七城，稍給與牛具器用，諸酋率其部落數千人徙居之，離塞遠者四五百里，河西益少胡患。乃鑿龍首等渠，墾田萬餘頃。又請以巡按御史兼督學政，如遼東例，富而教之。肅州遂爲重鎮，虜畏不敢近塞。嘉靖

虜圍大同右衛急，奪情起楊公爲兵部尚書，虜聞遂遁。公因經畫大同事，築牛心等墩堡二千八百餘座，濬濠塹三十里，凡五十日而畢。虜入薊，復移公薊鎮。時方盛秋，公聞命，即日赴居庸，畫地爲十區，檄諸將分區拒守，

令約日時同舉火相應自居庸距山海旌旗千餘里砲聲振天如是者三虜驚終歲不敢近塞庚戌之變虜實道潮河川入議者爭請爲備而水湍悍不可城楊公緣水築墩離立錯峙墩置戍守矢石相及虜遂不復敢掉臂行其間秋召還提督京城九門故事歲七月輒分兵守陴如寇至公曰此自疲術也亟罷之其營兵不勞而費省嘉靖

尹副使綸分道冀北地被邊公首請督府繕垣墻而身與諸帥晝地董其役獨功速而費省虜犯鐵裹關公率

千人往援每數里輒舉一大砲虜聞砲聲不絕謂有大兵引去嘉靖

行太僕江公萬仞守德慶州時州地瑉猺錯居宿重兵爲衛公省猺賦稽班舍并營兵以肅十振儲糧餉以備四山猺寇後軍興賴焉先是州置招主主販魚鹽通猺貿易往往闌出禁物遂之遮勒爲姦利民積苦之或請去招主用營兵公曰猺窘無鹽恐生變營兵何必可長恃也惟土着民便令招主無專屬番休參遣自是奸實杜矣已復增樓船水上軍亘州南北岸踐更伺警掣仙

洞大石山栢之旅高新安白馬雙龍之壘固石子何木大泥之椅角分瀧水兵千人四禦雉堞六布村谷州治屹如金湯嘉靖

隆慶初虜陷石州薄昌黎召譚司馬綸與戚都督繼光入策備邊繼光上書備陳七原六失四弊大較言兵制西北什倍東南虜憑積威刼邊人邊人望風而靡戰將率朘軍費豢外舍兒視虜飽歸尾而鵰勳掩老羸爲功耳借曰當戰鮮不唾之且不練何以議兵無兵何以議戰練兵之效臣嘗試之東南請簡部將若而人分出三

輔州縣。部募三千丁壯。部將將之。合爲四營。營各五部。毎營立一裨將。爲之連衡。總攬折衝。則主將專制。簡練訓習。一如東南。比及三年。堂堂乎可格虜矣。部持可否。練兵之議竟格。而公以總理專任薊門。又言薊當肩脊。臣在薊言薊。塞上周垣二千里。一瑕則百堅瑕。比年遍圮遍修。滋費無益。請更版築。諸戍士畫地受工。跨墻爲臺。睥睨四達。臺高五丈。周二十丈。虛中爲三層。臺宿百夫。械器餱糧具在。虜至則當陴以守。退則畚休。第力詘未能舉贏。先築千二百座。薊人多木彊律之軍正將不堪請募南中入彀中一軍以倡勇敢督府上其議許之始募南兵三千如期至陳而待命郊外自朝日雨甚至于日中軍容益壯總千山立邊將大駭將軍令固如是乎既相要害程功能部署臺垣之役工力藉班軍則以南兵為渠長薪木取諸塞外其餘則以益樵蘇公親巡工課殿最宴賞决罰有差不旬月告成事是役也縣官僅發十萬緡經費考功足當百二十萬復增募南兵二萬編伍戌之議立車營出戰則以代城郭車四面結軔為方陣中置步騎各一旅遇虜則車上火器悉發自數

百步外先薄之稍近則步兵出轅下排擊虜馬虜卻而乘勝逐北乃出騎兵各審其宜三者互用有發則南兵當選鋒入衛兵策應主兵戍守踐更者任轉輸軍政畢張無不以律比年東西虜謀入犯西酋得薊狀恐亟卜不祥遂謝東胡欵關入貢 隆慶

徐黎政楚守辰州時湖貴間苗民逆命督府張公調永保酉陽容美施州暨清平偏鎮辰沅諸道兵俱集于辰公令諸軍去城五里而營俄而酋彭九霄酗酒殺人白督府斬之諸軍肅然亾敢犯者議九月進兵廼六月餉

未辦督府茫然命傾府帑易之公曰大軍十萬帑金不過萬即盡括民間粟不足飽半月事迫矣招商不至轉運不及有南粮應輸南太倉者額數十萬積無用今已鱗次維舟矣制許便宜行事一檄數十萬可計日至也督府從之軍遂不乏時兵連貴陽貴往有糧銀置辰庫中年遠籍亾無知者兵興貸於辰公曰無貸也舉而償之耳且告之故時貴州諸司亦不自知喜出望外　隆慶

都御史吳公桂芳督兩廣時羅旁地扼江道之咽數千年來大木叢翳蠻隱以行刼監司將吏過端溪者必鈎

船掠且殺人公爲聚兵悉伐而焚之賊不敢出迄今爲坦途隆慶

南戶書曹邦輔總督薊遼時至則馳上方略以修邊自守非禦虜上策願罷省浮文一以練士爲務士練而邊事乃可論也識者是之隆慶

南兵書戴公才總三邊時熟要害有永安堡者在靖虜之北中衛之南曰裴家川腴田可萬頃民苦虜不得田作公爲相度地形築墻建堡疏于朝請以固原守備督兵營田以死馬少卿移靖虜整餝兵餉而秦隴間屹然

成巨鎮矣。會俺酋款關乞貢市、　莊皇帝采議臣言報可、而虜吉能者、俺荅枝屬也、援例以請、下公議、公言東西虜各爲雄長、授職宜均、通貢宜隨俺酋進入、便若互市。則陝西重鎮、既不可招之內地、并肅番回、開市已久、又不宜令强虜混入以滋禍階。惟延寧二鎮、頗爲近虜、然闌出之禁甚嚴、亦不宜因市啟釁、互市第可行之宣大、不可槩陝西也、有旨切責、公卒主延寧二市、方公爭互市時、或諷公第開四市、如貴人指、延賞可立竢、公正色曰、市之利害、籌之熟矣、猶下而謾上。便身圖而不計國是。有臣如此。將焉用之謝絕其人去、公既去鎮、喜事者卒開甘肅之市、令番夷交惡、爲國家生一邊隙益十年而公之言竟成左券云、隆慶

譚襄敏公綸督薊遼時、謂輦護京師宜莫如謹備薊、于是修壕塹、創敵臺、造戰車、仍大修火攻具、又請選募南兵入塞下、兼爲邊方教練師、而奏立三大屯營專以戚將軍繼光總理練兵、厥幾以戰爲守不復用往時擺邊一切舊套、由是薊稱雄鎮、東西虜相戒、不復敢犯邊矣、萬曆

吳尚書兊、巡撫宣府時、計管邊垣自西海冶抵西陽河

東西延袤若千里明年復築外十三家邊起滴水崖訖於黑漢嶺烽火相接故民堡畢敝官屯率土墉庳惡公下令并聚合守諸屯墉皆甃而崇之于是胡漢晝然人有恃賴諸陵背胡無捍蔽每秋防時督撫皆徙軍駐山後名曰護陵而以雲晉委虜其境東北皆挺出塞外若舒兩臂勢懸而多備公謂龍門所達靖胡堡橫絕虜地三百里建壘其間遷史車之落屯之史車二夷者嘉靖間所降納錯居內地故徙而實焉凡繚垣百六十里甃臺百六十所而陵寢乃固諸師皆罷護萬曆

朶顏操蠻以其姊妻黄台吉挾賞寇邊攻毀鴉鶻砦殺二將軍薊帥皆奉詔切讓貽書問計於吳公兌兌報曰操蠻罪在不赦今上策討之中策懲之上策宜用而示之不用姑講解以驕之許之加賞以誘之使其弛備而後兵之可以一剿若明章天討情形俱露虜扼險拒命難以得志非完計也中策宜不用而示之用薊門大出師揚聲塞外以明必討宣雲料軍若將合擊而微示意黄酋俾得擒縛罪人許以自贖僕當爲公任之耳書問政府謂宜從中策卒以公力縛阿都赤等十七人獻於

古北口詔戮於鵶鶻砦、萬曆

先是宣府屯糧、溢故額至二十一萬、軍多積逋、吳公兌疏請赦逋汰浮。人乃蘇息。又令流人歸業者。原其負。給以牛種。繇是耕者雲布。粟價賤於中土矣。公嘗言火器之利。可令賁育失勇。韓白失謀。初至上谷、即盛講而修之造、將軍砲百、滅虜砲千、三眼銃萬、故法以大砲城守、其重不可徙也、公創雙輪小車、挽以十人、駕二馬、隨營遠涉、砲發而車完、又故法楔砲以木、人熾之立震死、公易以乾土、氣完而不震、虜每言中國用砲如忽雷災者、

器成，公引虜使至營觀之，砲舉若連珠，移時不絕，乃嚙指去。萬曆

王叅政叔杲備兵蘇松，習吳事，上江防運道利害凡十餘條，而身沿江自圖山至白茅福山凡八百里，得金山之柘林、青村，吳淞之川沙、南滙，江陰之楊舍，太倉之劉家河，濬隍崇城，增兵列戍，首尾相應，造沙船，別爲三翼，輕舸助之，製諸火器，較射步法。倭來寇，公率衆禦之，奪其舟，下令無濫殺，得閩越人遭倭患者數百人，遣歸。已請留兮兵民壯銀四萬，請蠲積逋數十萬，而采漕政所

宜興廢著書曰三吳水利考吳人奉爲掌令萬曆
戚少保繼光每臨陣或選部將及類己者數人並戎服裝飾出入營中夜亦莫知其所宿處及出擊賊雖部卒亦莫能辨時有同官者密令其部卒雜入彼行伍中欲陰奪其首級公乃先爲五色烟子每卒繫一筒腰間且曰聽吾號隨出五色烟子塗所獲首級爲識同官部卒遂不敢有他念萬曆
福清石笠山多猴千百爲群戚少保繼光勦倭時屯兵於此每教軍士放火器狙竊而習之乃命軍士捕數百

畜養之，仍令習火器以爲常。比賊至，伏兵山谷中，而令群狙鬪其營，賊不虞也。少頃，火器俱發，霹靂震地，賊大驚駭，伏發殲焉。昔鍼尹燧象，田單火牛，江逌火雞，令威公乃以火狙，智者相師，大約類此。萬曆

⿰石爲副使木，備兵井陘。井陘介燕晉，北控倒馬，用武之國也。公整頓積弛，簡將詰戎，繕防濬洫。先是茨溝營卒，皆靈丘、繁峙、五臺烏合之衆，而三縣阻山谷，多礦，募即爲兵，罷即復爲盜。公選土著八百人充伍，詰諸應募者，以漸汰之，師成而盜息，境內帖然。

僉副使霑備兵大名時

劉東陽反寧夏檄諸道邑選兵數百人公曰是非久當滅胡以兵爲且兵聚之易而散之難無已丁壯中遴其願赴者厚之廩稍即千人可得也乃授甲置陣爲三覆以待比壤效而行之兵具而人不擾頃之寧夏平所選兵亦不用（萬曆）

賈尚書待問撫甘肅時火真與套虜合入寇莽捏二川河湟大震公至則日夜籌畫設伏制虜斬甲首及鹵馬牛羊無算招其旁番族八萬有奇虜斷右臂不敢飲馬于河改撫陝西松山在河西塞外羌虜之要也小酋賓

兎竊據三十餘年莫能驅逐公會制府并肅大集七路之師分道出擊遂復彊土所部將吏收番族千七百有奇羌虜道絕萬曆

遼餉不時給軍丁率以倍息貸子錢餉至則緣手盡顧公養謙督薊遼於市馬時立官市法以其羨八萬餘金別貯先期給軍丁餉至抵補名曰常餉遼苦歲屢潦士無見糧又虜出沒無能得其要領者公悉發庚積及公帑以賑又於清水谷靉陽寬奠間力墾磽爲諸堡先而降夷哈亥猛骨等皆餌之爲耳目其鼓舞士心所向克

捷以此。萬曆

魏尚書學曾爲總督寧夏之變公已設策布置第顯言攻之恐彼守益堅而內窺闗外通虜姑發檄僞撫以緩之旋移檄各鎮徵兵餉而自統大軍駐靈州以偏師駐花馬鳴沙諸處扼賊要害使不得渡河又分兵收復四十七城堡以孤賊勢賊果大括城中金帛婦女賄虜時時與虜出入則多發敢死士夜銜枚擣虜巢牽其反顧吾甬道無軏也乃進師圍城城堅不可拔計惟決水可灌灌城恐多傷士民且促之從賊不便乃築隄障水水

圜城如帶漲七八尺城浸且圮城中懼且譟公曰此可以行間矣乃射書城中疑賊黨使自相圖居民亦多受公計爲內應未幾哱氏果與其黨自相殺八月甲子夜城南門啓我師鼓入哱氏闔室自焚死寧夏以平先是言官急欲攻城有議公逗遛者詔逮公問狀公行而城遂破縉紳爲公訟寃上感悟還公官萬曆

宋莊敏公纁撫真定時奇軍營歲餉例派六部解貯真定其後軍日耗而餉額如故公悉心稽覈歲省三萬餘金春秋兩防諸道兵並移駐易州聽應援人給行粮公

曰奈何虜未至而先自耗吾財不如無遣第所在時其練習以待緩急每歲減行糧若干著爲令萬曆

蹇大司馬達撫順天時南兵萬人無所用僅分守墩臺而廩餼倍北兵公議減守臺兵數而以餉餉新兵諸南兵願歸者聽予之資斧部覆上報可已督薊遼保定軍務上疏曰諸邊議戰議勦以俘馘爲功薊遼則不然西則兀良哈是二祖所置衛授官而東毛建諸夷所覊縻勿絶者也道在御之而已疆場之事愼守其一而備其不虞姑盡所備焉事至而後戰今虜未蠢動牖戶綢繆

臣以爲墻工最急，臺次之，墩次之。每年發卒四萬五千人。可修十里。先其要害。餘以次舉。計之善者也。潮河川潘家口。桃林口。難以修墻。則增兵戍守。延綏宣大入衛兵。無事贅聚耗餉。量春秋警。緩急調撤。可省萬金。薊鎮屬夷勝不相讓。敗不相救。不虞其合。虞其鉢東虜土蠻耳。東虜來。必合西虜青把都。西虜戀撫賞宣鎮。諸臣可制其命。倘東與西連。則遼鎮即擣其巢。令還顧。守臺軍火器爲尚。將軍滅虜虎蹲等砲。以伍爲列。輔以三眼諸鎗。虜至輒發。馬不得近。萬毋失此長技。南將統南營兵以時練習報傳更籌即兩雪深夜毋得惰慢哨軍賞加數等哨得實而我有備無患以首虜功論諸夷跡虜驗者亦倍其賞近關邊寨軍多於民者責邊臣十里以內責有司有警督軍民收保毋爲虜餌河南山東更番戍卒揭竿爲梃將安用之令具甲冑弓矢宜大兵將入關應援故有信地紀律申明率守凡十事蕭爲令萬曆

平酋事始芽也海商陳申以其情來告福建撫臣謂申詐罔繫治之及何公繼高爲福州數引申慰勞問訊而陰求習倭者伍應廉朱君旺等授以策密往薩摩通許

儀後久之平秀吉死薩摩酋義久以密書抵儀後言秀吉死狀撫臣以聞公謂與巳曩謀符合而是時倭叛服無成形上疏曰臣曩知福州時嘗得言倭事者陳申朱君旺而厚禮之盡知許儀後効忠中國之心與薩摩君義久報讐于秀吉之志君旺儀後密友儀後者薩摩謀主也日本六十六國薩摩最强秀吉役屬之謫其將清正驅兵數萬人頓之高麗以弱其勢而羈其君心豈能一日忘秀吉哉曩歲義久遣親信張五郎至閩投見原任巡撫許孚遠孚遠與臣謀欲藉久以挑引諸國共圖

平酋令自救不暇則朝鮮不救自全中國不防自固亦一奇也遂遣把總劉可賢及伍應廉張五郎等渡海陽作檄書一道諭平酋罷兵令之不疑而陰結儀後使勸義久圖酋自効計甚秘密二十三年可賢與儀久軍師僧玄龍偕來時孚遠與臣相繼去閩玄龍無可告語事遂寢息使其時臣謀獲遂豈有今日哉及秀吉死義久不忘本圖密書告報臣謂宜仍以倭事屬諸二人令君臣輩往宣朝廷之威歆以爵賞俾招服諸國召還清正永為不侵不叛之臣機會難失願信臣言行其策天下

幸甚。萬曆

何參政繼高官長蘆，曰陳禦倭之策于鹽臺，曰：東夷猖獗，備禦之計，莫急于天津。長蘆二十四塲，起青州至山海，延袤千餘里，海戶鹽徒，皆輕風濤，習爭鬭，招而約束之，不費斗餉，而得勝兵十萬，此便計也。萬曆

南太僕費公堯年，爲廣東左使時，倭犯朝鮮，大司馬聽一妄男子言，官以遊擊，得便宜召粵兵入暹邏，約共計倭。公極言其失策，是示中國弱也。彼窺我淺深，尤而效之，更將何賴？使未出疆，而擄船餽餉所需粵巨萬。粵久

中兵不息黥補刖。而浸穫薪乎。獨香山澳貢夷所入市處。今結廬類大邑。狼子野心叵測。風利可達釜山。與倭合。卽不然。臥榻之側。容他人鼾睡耶。亟以郡丞屯兵鎮之。庶無後患。蕭督府與公意合。疏罷使無遺。萬曆

武布政尚耕副蜀憲時。北虜逼松州。幕府趣公上計。公馳之塞上。抵流沙關。登高望虜指古維州城。慨然曰。此邊疆要地。沒於番。今雖少剩。而黑苦巴竹諸寨猶雄踞。吾不恐虜而恐蕭墻矣。因選卒耀兵。發火器。番人震恐歸命。公厚撫給之使遮虜。其他防禦計甚悉。虜不得志

遁去未幾黑苦番竟亂用公策以定公以蜀屯饒爲奸豪兼并。使兵食坐困可嘆也乃蕞爲勾稽復屯田八千九百餘畝萬曆

皇明臣畧纂卷之

皇明臣畧纂卷之三

江西右叅議前湖廣督學使常熟瞿汝説輯

兵事類

御

章公溢鎮處州、水軍千戶任惟淵朱仲欽戍青田、賊至仲欽逆戰、惟淵走、仲欽以無援敗、公即斬惟淵以狥、温州平、公仍以元帥還守温、先是我師征温失利輙叛去温既平又請降、公曰叛而復降納之無法。奏斬賊洪武

廖永忠等率舟師自福州航海趨廣東先遣招諭元分

省左丞何眞永忠帥至潮州，眞即奏表歸附。眞，東莞人，元末邑人王成、陳仲玉搆亂，眞請于行省，舉義兵除之。仲玉就擒，成築砦自守。眞募人能縛成者予鈔十斤。於是成家奴縛成出求賞，眞如數與之，使人具湯鑊，駕諸轉輪車上。成懼，以爲將烹已也。眞乃縛其奴於上，促烹之，使數人鳴鼓推車，號於衆曰：「四境有如奴縛主者視此。」于是人服其賞罰有章，競歸之。洪武

王忠肅公翺撫遼東時，有指揮孫璟者，以漏闕鞭戍卒至死，其妻女相繼哭之死。他卒被鞭者訴璟殺一家三

人。忠肅判曰。卒死以罪。妻女死於夫父。非殺也。其令璟償瘞埋費。後璟爲名將。在兩廣。參將范信有才畧。人厭其貪。兵部因事革其職。聽調。公奏復其官。信卒以能將名。正統

景帝即位。勑十五人守要害。屯兵爲京師援。徐公有貞權監察御史。守彰德。得便宜行事。時彰德民驟聞變。爭匿山谷間。公令吏能得民者。四出招之。乃建牙募兵入衛。且萬人。然多太行群盜。公厚其餼。教之司馬法。什伍之。然使自相團結。不置尺籍。謂事寧當任所之。故士皆

踴躍、願爲官用、景泰

王尚書驥嘗閱師覆舟山北、問將校曰、部伍行列若何、曰隊各五十人、始爲一字列、聞鼓聲則變而爲方圓斜直之勢、今日所較練是也、公笑曰、此何以約束、兵五人爲伍。一人居中執旗幖。四人者立四面。皆聽中一人所使。中一人恒堅立不動。赴敵則五人必俱。四人死。中一人不得獨生。繇此五倍之。則二十五人爲一隊。又五倍之。則二百五十人爲一營。左右前後相應而聽于中。以一百二十五人分寄四隅與中。爲游擊出奇。而正兵一百二十五人。堅駐不動。又以五營如前法分布之。正兵一千二百五十人。更以一千二百五十人爲寄兵游擊。則揔二千五百人爲一師。相機調遣聽於中軍主將一人之令。其下繇伍而隊。繇隊而營。各有一人爲中。中一人者各以將之令。令其餘人。如身有紀律。不嚴。約束不齊。而功不成哉。當時將校莫不信服。王襄敏公越。居常自奉若諸侯王。而其御軍恤下。財往來若流水。籠罩豪傑。不知所從入。皆願爲之死。機事百端。則倏變幻出没若神鬼。軍行過陜西秦王賜宴。奏伎。公語王。下官爲王吹犬久矣，寧有以相覊者。因盡乞其伎女歸。一日大雪，方坐地鑪，使諸伎抱琵琶捧觴侍，而一千戶詗虜還，即召入與談虜事甚晰，大喜，曰：「寒矣。」手金卮飲之。復談，則益喜，命絃琵琶而侑酒，即併金卮予之。已又談，則又喜，指其中最姝麗者曰：「欲之乎？以乞汝。」自是千戶所至爲効死力，積功至指揮。其夜襲虜帳，將至，風暴起，塵翳目，衆惑欲歸。一老卒前曰：「天贊我也。去而風，使虜不覺；歸而卒遇虜入掠者還，而我據上游，皆是風也。」公不覺下馬拜，功成，推卒功以爲千戶。景泰

景泰四年八月命兵科給事中鄭林操練團營軍士林
既受命遂以軒轅破蚩尤之陣教閱軍伍具疏繪圖以
進曰臣通考古今陣法莫有過于軒轅黃帝破蚩尤之
陣夫古之蚩尤即今之胡虜也黃帝按井田作陣法大
軍歸中專主旗鼓八節旋繞悉聽指揮若正北受敵則
東北西北二陣爲奇兵張左右翼以援之若正南受敵
則東南西南二陣爲奇兵張左右翼以援之其正東正
西及四隅受敵亦如之所謂常山之蛇擊其首則尾應
擊其尾則首應擊其中則首尾俱應者也古之名將知

此法者。惟太公望孫武子韓信諸葛孔明李靖諸人而已。吳起以下。莫能知也。其名之曰天地風雲龍虎鳥蛇八陣者。則諸葛孔明也。一大陣之中。固有八陣。而小八陣之中。亦各有八陣。大陣則法伏羲八卦。小陣則法文王六十四卦。所謂陣間乎陣。隊間乎隊者也。若夫遁甲有九星。開八門。用三奇者。則又黃帝命風后爲之也。蓋聖人以神道設教。使人莫知其所以然也。夫將居于玄武之位。而北岳則常山蛇也。故曰常山蛇陣。林時居兵科、見團營軍無統制、每出征、人馬多雜沓致死劾其

操練不如法、當國者遂請以事委之、林乃用此陣教閱、隊伍始整。景泰

李公秉撫宣府時、舊例邊軍月糧、無家室者支六斗、若妻死、雖有父母兄弟、亦作無家、公奏准軍士雖無妻、但有四口同居者、許支一石、上允奏通行。正統

李襄敏公秉總督遼東、同武靖伯趙輔往征建賊、至遼訪知都指揮鄧佐追賊、戰敗賊衆、副將東山逗遛不進、賊復集衆圍佐、止親兵五十、自辰至酉、五十人皆戰死、佐復手馘數賊自刎、副將懼罪、掩其功、公即具太牢、祭

佐於墓而奏陞其子一級治副將掩功之罪邊人大快

天順

韓襄毅公雍征大藤峽出令五鼓戰時將領聞賊已覺恐遲失事二更即發大破之公賞其功問以違令之罪以軍法當斬乃具聞請釋曰萬一不用命而敗奈何人謂公得將將之體裨將犯法當斬賂中人請釋公聞之因午節閱武射柳即斬其首懸軍門合營股栗其威嚴如此然實未嘗妄戮一人成化

黄都御史紱撫延綏嘗行道望見川中飲馬婦片布遮

下體俯首嘆息曰令健兒貧至此我何面目臨其上乎亟令豫出餉三月延綏邊最貧大臣名爲巡撫健兒雖凍餓死不問聞公歎人人感泣會有詔毀庵寺令淫尼率給配鰥軍於是軍中人無不願出死力爲黃都堂擊虜自效者　成化

王襄敏公越爲都御史總制北伐時嘗親視諸軍食飲數賜酒肉動息必悉其情至死令不少貸每暇命出獵計中禽之多寡于敵陣爲先後有將官告姦受金者置之許出死力不問于是將士感泣無不用命者　成化

劉公大夏總督兩廣先是鎮守總帥役班軍常千計猺獞叛兵單寡不支公述祖宗養士及上委付意告總鎮咸出所役還軍威始伸有某僉事黷貨納驛丞進女子公立逐僉事去　弘治

北虜火篩入寇命許公進提督宣大諸軍總兵多帶領諸貴游子弟爲參隨諸巨意在冒功次公出居庸關即下令曰參隨諸人既以自備鞍馬報效而來驛不得應付鞍馬廩給每日止給行糧三升到鎮即編入行伍聽征敢有買功并侵擾地方以軍法從事　弘治

許公進尚書兵部時京衛武職有以賄營求者即呼至部堂大杖數十林廷㭿每言曰只此一事便痛快人心然非公不可也公提督團營與瑾同事公既諳練事務每操演口授方略談笑指麾意氣閑雅瑾及諸老將咸服一日操畢忽呼一把總都指揮至將臺下杖數十不言其故如此者凡三人瑾請其故乃出權貴請托書示之瑾心服後瑾得志公入吏部凡有賄瑾囑公者瑾常難之正德

陸副郎震令泰和時適調取狼兵撫按促公計議接應

公謂狼兵所經擄掠甚於刼盜乃請總制出令兵船不許灣泊若一船泊岸則刑其船戸十船爲幫以次抵岸令受支應不許紊亂繇是人皆肅然正德

都督馬永每聞邊報即率領家將當鋒以爲官軍倡又能重賞邊士於夜不收尤加厚恤是以哨探遠烽火明但遇虜人竊入無不先知豫待虜畏之如神擒獲小竊之賊不加殺害撻之數十使去或討鹽米而來即親出關外分給虜又戴之如父母正德

楊文襄一清爲相時有人餽美珠一斗者公直受之嗣

諸邊將謁留詢邊事公隨出所受珠分勞之須臾立盡

嘉靖

王公瓊在西北修築花馬池一帶邊墻命二指揮董其役二指揮甚効力邊墻極堅且功役亦不甚費有羡餘銀二千餘兩二指揮持以白公公曰花馬池一帶城墻實西北要害去處汝能盡心了此一事此瑣瑣之物何足問即以賞汝後北虜犯邊即遣二指揮提兵禦之二人爭先陷陣二人竟歿於敵 嘉靖

王公瓊總制三邊時每一巡邊雖打中火亦費百金未

嘗折乾到處皆要供具燒羊亦數頭凡物稱是公不數餉盡撤去散與從官雖衆頭目亦皆沾及故西北一有警則人人効命　嘉靖

都督梁震總兵大同大同自五堡之役殺巡撫張文錦參將賈鑑尋又殺總兵李瑾鎮巡每曲意煦之稍不如意即反脣瞪目或飛章詆言以相撼公聞命率家丁五百人馳至雲中申明約束曰我無爾凌爾無我叛王法軍令具在我不敢破綱紀誤國其家丁時時向鎮兵語曰爾敢蔑主將者恃衆耳兒郎輩無不一當百五步

内恐爾不得用其衆耳自是鎮兵稍稍歛縮十六年公率兵出玉林川斬虜首一百四十進左都督十八年公鳩卒給餉修五堡身先勞苦軍中不敢譁五堡竟復虜不敢近塞公在邊專練家丁時出塞劫虜營虜不敢輙近塞得虜營馬盡與諸出塞刼者以故人皆効死趍利虜以故益畏公　嘉靖

沈都督希儀膽勇機警善撫諸人為耳目者賞不失須刻嘗染危病所部卒至自戕於神前以禱穿手刺股痛毒諸體者皆徧最後者一人至以箭穿喉其得士如此

始公爲參將時、知狼兵能制諸猺、獨土官猘獰不用命、
每調發土官、與共飲食寢處、昵昵耳語、如其父兄、比罷
多與生口牛羊金帛勞遣之、諸土官喜、競以狼兵從公、
或土官死、其妻劄愛子十餘歲者遣來、以是公所嚮輒
有功、嘉靖

督僉呼良朋以都閫鎮閫時、鎮東戍兵與市人雜處而
譁、請建營城東、聚而伍之、軍市肅然、嘉靖

丞參政祁、副臬山西、備兵懷隆、懷隆在漁陽上谷間、號
當路塞、東南護陵寢、公至則大修築邊、公行視故停障、

徙取文具乃躬立畚鍤間勞苦吏士所築殊險固稱雄又以其暇秣馬訓兵修屯庀具士毋敢解甲以嬉軍中有訟不甚裁以文法惟笞而遣之曰塞卒困極矣日負土石操戈寢所入不盈庾斗嗛嗛苦饑一傳爰書即三月廪立盡使當虜奈何以故所居塞整辨過於他道吏士戴之　嘉靖

姚尚書鏌爲福建副使時汀州大冃山賊攻武平入閩震動公既率鄉兵擊走之而又悉永定民賴節制者先爲國禦賊戰多死家復爲賊所破有司不知收恤遂墟

兵自衛，不復爲用。公召而撫之，師智請效死。公適改督學，以兵屬副使楊瑋，瑋爲賊敗，執二裨將以去。師智乃率壯士擊賊寨，大破之，斬者三千，獲一裨將以歸。賊震讋，遂遁。嘉靖

翁公萬達總督宣大，宣大號虜衝。公至，則簡卒乘，治芻糗，法令嚴信。士有一夕去停障队者，雖數百里外，公忽遣騎簿問，罰隨手行。當秋防大棘，分地畫守，懼人不用命也，時出其不意。選勁卒數百，寄出以硃和油，置竹筒中給之，約曰：遇卒不在守，輒以硃油傾置其處。守卒見

徐湍置處，輒自縛請罪，公責而遣之，於是咸守信地，不敢離尺寸矣。當虜入寇，公督官兵鏖戰，有王千斤者，力戰死敵，公哭而殮之，爲文以祭，歸其棺，厚送之，且奏官其子，弁立忠節祠祀焉。邊人無不感泣，願盡死力。嘉靖

陸莊簡公光祖令濬邑，趙魏人多任俠，自虜內訌，草澤間多懷異志，公募壯士爲義兵，自訓練，居常爲不逞者得其主名，咸置籍中，推心待之，人人感奮，未幾曲周李邢珍反，所過蹂躪，獨畏濬不敢入。嘉靖

羅旁甫定，諸將多朘兵餉，莫敢詰問，時侯公應爵方罷

纂乃定規額人給一紙自註日月有司與諸將共覈之以故兵無虛餉餉無虛數人人願爲死綏　萬曆

皇明臣畧纂聞卷之三

皇明臣畧纂卷之四

江西右參議前湖廣督學使常熟瞿汝説輯

兵事類

制

程襄毅公信撫遼東時，建州酋董山通朝鮮，受僞制爲中樞密使。公使自在州知州佟成詐以他事廉其境上，得僞制疏請乘其未發，遣二急使往問之，可伐其謀。上乃命一給事中往朝鮮，一錦衣譯官往建州，兩酋匿不承。出僞制示之，皆愕懼，乞貢馬謝罪。成化王安簡公宗彝、叅藩四川時會畨夷毀松茂餉路公謂此非兵威不能致其來。請以松州兵移疊溪、成都兵移灌縣。爲夾攻之勢搤扼之。以身先入茂州比至諸夷股栗、各齎牛酒來服罪、公歷數其罪、且曰汝若不早來使汝無遺類。道路亟修復之、不完不汝宥也。旬日修畢、芻糧始通。成化

孔侍郎鏞知高州日、峒獠倉卒犯城、公蒞任纔三日、郡兵先已調發、衆議閉門守、公曰、孤城中虛。能支幾日乎。吾當自往諭賊、衆諫沮、公不聽、衆請從以兵、公笑却之、

衆乃乘城向賊啓門賊以爲出戰門啓一馬乘官人出二夫控絡而已門隨後閉賊遮馬問故公曰我新太守也當至爾峒寨有所言爾當導我賊叵測姑導以行遠入林菁行間顧從夫已逸其一既達賊地一亦逝矣賊控馬入山林夾路罥裸人于樹者彌望見公叫呼求救公問何人乃庠序士也前期赴郡爲賊邀去不從賊將殺之耳公不顧徑入峒賊露刃出迎旁刀夾擁如林至巢穴公下馬立其廬中顧賊曰我乃爾父母官可以座來爾等來參見賊取榻置于中公坐呼衆前衆不覺相

顧而進渠酋問公爲誰公曰孔太守也賊曰豈聖人兒孫耶公曰然賊皆羅拜公曰吾固知若曹本良民迫于凍餒聚此苟圖救死耳前官不知此動以兵相加欲勦絕汝我今奉朝廷命來作汝父母官視汝猶子孫不忍便殺害汝若信能從我當宥汝罪可送我歸府我以穀帛賚汝爾後無復爲刼掠事若不從可殺我後有官軍來問罪汝當之矣衆錯愕爭曰誠如公言公誠能相恤請公終任不復擾犯公曰我一語已定何必多疑衆復拜公曰我餒矣可以食來衆殺牛馬爲麥飯以進公飽

唉之賊皆驚服日暮公曰晚矣我不及入城可即此宿賊除治中廬設牀蓐公徐寢賊羅寢侍衛明日賊復進食公曰我尚倦行更止此又宿至明日吾今歸矣爾等能從往取粟帛乎賊曰然控馬送出林間公顧曰此秀才好人汝既效順可釋之與吾同返賊即解縛還其巾裾諸生競奔去公按轡出峒數十賊騎而隨薄暮及城公命呼城中城中吏登城見之驚曰必太守畏劫叛而降之導來陷城矣爭問故公言第開門吾有處分衆益疑懼公笑語賊爾等勿入城吾當自入乃出犒汝賊少

却城開，公入，復閉門，公命取穀帛從城上投與之，賊取謝公而去，迄終任，賊不復出。成化

高州城外四山皆賊壘，僅餘孤城，城中居民不滿數百，

孔公至，呼父老問計，咸曰：城中人多賊之戚屬，切宜防之，其來趨城者，心不可保，惟宜閉門固守。公曰：高州本無賊，賊來皆自廣西，往守土者無遠圖，民攜家屬千百里來投城，將以求生也，乃閉門不納，以致爲賊所葅醢。其在城中者，又疑之，或加害焉，用是以賊激怒其衆，外攻而內應，往時城陷，正坐此耳。公乃大開門，來者無不

納而在城者相染成疫曲加撫摩調養死者爲義塜瘞之流亡聞風來歸日以百數城不能容公即城東北隅築土爲城以居焉時賊屯高化境者凡十餘處鄧公長據茅峒尤桀黠公既入其寨諭降之餘賊多聞風納款獨馮曉久屯化州界結土民以爲內應久招之不服公紿以備他盜整兵夜進遣部下蒙詰率敢死二百餘截其後而公以前軍應之二鼓擣其巢曉遁去執其妻子以歸曉意必戮其妻子也官軍屢招之不出既而聞公存撫甚厚遂以其黨五百來歸羣盜受招撫者公皆處

之內地，分田與耕，且爲我備他盜。公部下有黎酋林雄數人，皆有謀勇，而雄尤爲拳捷，後死于賊，公撫屍慟哭，親爲殯葬，一軍莫不感泣，用是民夷感畏，所至成功。成化

南戶書張公泰，成化中爲御史，按雲南。先是象馬思揲執木邦宣慰司罕空法，因禁四十年，未有以處之，公於是會議，檄各漢土官兵臨其境，以公移諭之。思揲感悔，遂送罕空法，復其故業，械其首禍者三十餘人請罪，積患一朝頓釋。成化

熊僉事景之任廣西也，二廣節鎮都臺朱公，檄公勾當

得桂諸猺猺易擾動少觸輒叫嘯跳踉久以欲逞靜則跧伏不見踪跡公知其然約我兵不得徙壁壘陰遣間衣商人服負鹽抵猺所若為潛竄貿易者猺不疑也集來詗虛實問曰吾商人不知新接察官何人然見其方具器若古壺狀者十數實石其中室以巨木計曰猺出降無庸發此不然此嘗破大藤峽者也猺懼白酋酋即日降不旬日降猺及獠獞數十姓成化

許襄毅公進巡撫大同時虜入塞列營三十里號六萬公令馬馳行必係帚於尾塵翳障天日夜燃烽火以疑

虜，虜竟去，北王子尾刺，兩年三貢，驕詐百出，公嚴爲節制，每貢使至關，皆下馬脱弓矢入館，戢戢聽命。弘治許，公進撫大同，適北虜擁衆臨邊，知我有備，轉言講和進貢，公曰：如果進貢，必有欵書，方可具奏。隨差把總指揮王鉉出大邊荅語，小王子果着部落尾刺阿兒秃思等，率衆二萬餘，共執欵書，都要入貢等語回報。公會同鎮守，一面招撫虜使進入大邊住劄，每三日一次犒賞，一面奏奉孝宗皇帝聖旨，准以三千人口入進，既奏之後，副總劉寧等統領奇兵三營人馬，出邊下營，驗入貢使當時在邊部落數多爭入驗放不定公令劉寧親出見小王子責以不能約束部下大義將三千奇兵軍士牌面摘送與小王子分俵應入者智懸牌面放入無牌者打回又差老家兵馬同兵車營步軍營前去二邊裏按伏如虜情有變策應截殺如虜使驗入各于路兩傍防護擺隊又分付把總每軍要紅黑項纓二枝遇虜行過提徑轉向前途換纓擺站遇而復始自野門口直抵大同館務要齊整一日驗進虜使入邊見路傍人馬聯絡齊整驚目駭視番語通使報說南朝好太師好人馬

及入館後有盜虜使馬匹者虜使赴告公訪獲董秃等七連馬捉獲具奏准以決不待時虜使館前用刑放出虜人環視將犯人斬首但見衆虜縮頭咬指番語通使說太師法度利害我們怕開市之日禁約勢要不許入市交易一時商虜兩各得利虜自入貢至邊住歷三時事不覺煩民不覺擾自弘治元年至十年凡三入貢而無一遊騎敢犯邊搶擄者大同人皆曰是公當時撫綏之所致也弘治

南戶尚書胡公富爲廣東副憲時適民猺作亂會府奏

請秀公督兵勦之擒五百餘人文瀧水猺賊出没不常其所經路側有荒田三千餘頃公訪猺人所畏者獞人獞人不爲盗乃於路口設一獞圍移文廣西招致獞人住圍耕種自是猺人不敢出百姓亦倚獞人分種三之一舊路復通弘治

郭參政緒爲雲南少參時雲南迤西有夷曰思六越金沙江界據地若千里積二十年拒不受撫公受命與曹副使玉同行旬餘抵金齒先是盧參將和遣官持檄往者皆被留不報盧語君且戒勿追君正色不答是日督

有疾君單騎從數人行旬日至南甸巖突不可騎乃斬荆徒步繩挽以登又旬日至一大澤戛都土司以象輿來君乘之上霧下沙晦淖迷躓而君行愈力又旬日至孟賴去金沙江僅二舍公茇次手爲檄遣官持過江諭以朝廷招徠之意夷人相顧驚曰中國官今亦至此乎即發夷兵率象馬數萬夜過江抵公所持長槊勁弩露機刃環之數重有譯者泣走報曰賊刻日且焚殺奈何久此公曰爾譯雖微者亦世受國恩不以死報乃爲間邪因拔所佩劍指示曰明日我渡江敢復言者斬恩六

既見檄諭禍福明甚、又聞公志決、即遣其酋長數輩來
請聽令、及餽土物供具、公悉却去、乃奉宣勑榜、且與語
云云、大略先叙其勞次、伸其寃、然後責其叛罪、思六等
聞之、皆俯伏泣下、請歸侵地。公曰此固我聖天子意也。
宣言許之、皆稽首稱萬歲、懽聲動地、因詰盧黎將先所
使人、出以歸公、盧曹得公報、馳至則已撤兵歸地、受緬
書矣、弘治

都督劉寧、弘治間爲副總兵、時虜酋挾數萬人入貢、陰
蓄異志、寧知之、率二十騎躬詣虜營、虜驚疑不知所爲、

有勒馬引弓以待者寧以馬箠指畫宣布朝廷恩威復
下馬與群酋坐一酋語不遜寧掌其面奮臂而起酋首
叱其酋退且留坐寧乃霽色呼酒與飲反覆開諭群酋
咸悟卒如約　弘治

都御史唐公澤爲陝右方伯時土魯番四千餘騎入寇
値疫癘大作番衆不戢而靡諸將請乘之公曰不可使
吾戕此四千騎而彼醜類不勝殲邊境無寧日矣不如
因而攻其心爲遣醫治之而躬提兵出酒泉當虜虜皆
解甲稽首仰天誓曰唐太師生我者也今而後但犯邊

者天殛之遂引去於是番酋牙木蘭及屬酋帖木哥土巴等率衆來降公以聞請安置土巴等白楊城而遷牙木蘭於楚又遣還前撫臣所羈留虜使俾宣諭朝廷威德許以更新虜大悅以番文自通願歸哈密金印及城勿絶貢公爲疏請詔許之西境以寧

正德

胡端敏公世寧知廣西太平府時太平多土官苗獠性輕亂而黠好夷其上先守多難之公至即以檄約如期至傳令其下皆甲而入共詣堂皇公凡所指諭中其機牙固已縮汗嚴憚終不敢以貨産稱贄獻而公又略去

文法嘗因他出過其營單騎直入坐帳中縱閱騎射欵
語良久乃還李濬太平酋豪也殺掠吏士不服公知龍
英州趙元瑤善用兵寄檄其捕濬且授之方畧元瑤乘
濬不意猝起師攻之飛炬焚其州治濬走保山寨未拔
公解衣齋犒元瑤曰以吾衣贖一州生靈也寨中兵聞
之感泣解散濬擒發其所聚粟以賑被困之民且悉除
其租賦一年郡勢面腋阻江而背獨無限公檄營城北
為壺關萬夫畢集皆土官辦增戍其上民始帖席土官
世襲輒展轉結勘索賂土夷公令土官生子即聞府子

餘應世及者年十歲朔望或有事調集皆得携見太守
太守爲識年數狀貌父兄有故按籍爲請土官大悦正德
南大司馬胡公訓巡撫雲南時麗江鹽井等變亂成法
統兵越境謀擄職官互占村寨讐殺不已公得其故先
下令曰土官犯者則子孫停襲其餘主使幇唆則照例
重究又嚴督守巡諭以朝廷恩威從公撫勘群夷帖然
嘉靖
諸番代有雄長土魯番既奪哈密地其他吞噬紛出項
年稱雄者馬黑麻速檀爲甚適擁衆至關阻貢道恩效

故時所爲、入而屠掠內地、時傅公鳳翔爲巡撫、開、闕、示
備、勒兵數萬臨之、乃進酋長於城下、諭以朝廷神武鞭
撻四夷、獨念西戎遠在關外、貸以不殺、若等倘不畏禍、
出關一戰、無噍類、其毋悔、先是酋長諜知公多算有備、
及聞公令、鼠怖狼顧、稽顙悔罪、請割諸衛故嘗隸瓜沙
斥哈密地以獻、事聞、上悅、賜金幣褒焉、嘉靖
太僕卿周公復俊爲雲南憲副時、備兵鹿滄、獠夷叛西
洱海中、遮畧三郡、吏不能制、公與鄉道謀、畫誘致別種
取獠自效、西洱遂平、嘉靖

蕭布政晚備兵右江時有處置盧蘇事先是陽明王公田州之役既降府爲州慮岑猛嫡孫芝幼不可立立其季子邦相爲州官盧蘇爲土巡檢統其衆蘇素悍邦相不能堪又忌芝在容圖之蘇覺蔟芝母携孤走軍門爭立而自與邦相拒既殺邦相迎立芝諸土酋與猛庶子邦佐乘釁構亂朝議令土酋自相擒治而督府先有所入陰爲蘇掩罪蘇益横嘗以兵衛六千人聲言見巡按賓州營城下御史引病不出諸司倉卒噤口公曰蘇罪人也事屬本道未結合行牌追提如常囚遂遣千户持

符逮蘇蘇懼退營十五里因首隨符來公厲聲詰之曰天子文武聖神華夷一統以天下言之廣西能幾何以廣西言之田州能幾何蠢茲小虜敢爾無忌曩者田州之役聖天子俯念岑氏先人忠順復其故土今汝乃賊殺官土擄掠鄰封豈不負朝廷哉朝廷若從廷臣之請下詔交趾不許納叛而以大軍征討安所逃死又或以田州分賜諸夷使自取之是不費尺兵斗糧但以一詔朝發而夕無田州矣蘇惶恐叩首丐死願自完逋賦并備兵糧二萬立功贖罪久乃許之因勒獄詞列罪狀停

各酋官職，爲請命于朝，督府不能奪。嘉靖

|趙參政淵在雲南時，有武定土舍鳳朝明者，以其母命匪正而弗從也，于是子母昆弟迭相搆讐，震擾邊境十餘年。撫按以屬公，公毅然往諭，不用尺兵。朝明疑走匿，以其幼子隨千弓出謁，弓皆引滿。公笑而拊之，開示利害，俾反而來其父。朝明弗至，公復深入千弓伴發，公安坐若無人焉。朝明乃出伏階下，惟公命唯唯，始得以情法土俗議處胥侍以寧。嘉靖

|沈公希儀，擢右江參將。右江故治柳州，柳在萬山中，城

外五里即賊巢軍民至無地可田而城中兵弱不足任前守劉璉殪于賊公至鼓士氣破賊詗者耳目徧官府即閨閫中稍動色賊在谿洞數百里外趣知公計圖勝算必先得賊情得賊情則莫如諜而使官府人爲諜則賊生疑于是陰求得素于猺人商販者數十人假以買物召至府密謂之曰吾素知若輩通猺。吾不罪若。更與若銀爲販本。若試爲我詗賊衆感諾乃人給銀五兩使益買物散入諸峒中諸猺雖凶暴樂殺人然販者至則寨寨傳送護衛飲食恐損一販者則諸販不至是以雖絕棧深箐販者無所不歷每有動靜販者輒先知奔走報公公厚賞販者而秘其事所鵰勦風雨來去每出勦即肘腋親近不得聞至期鳴號則諸軍立集聽令曰出某門旗頭即引諸軍貿貿行問旗頭旗頭不知頃之剳營賊衆至戰方合而伏又左右起賊大敗去已而賊寇他所官軍又已先在雖絕遠村聚販度官軍所不至者寇之軍又未嘗不在賊驚以為神即官軍亦不知公何自得之也公又令諸猺得出入賣買游戲城中無禁諸猺時入府見公公兒女撫之久之稍稍擇其巧便曉事

者結以厚賞，使詷賊後。賊發，其火伍中輒報公。公又厚賞之，而間詷諸猺曰：「若見我，若妻子何不來見夫人？」諸猺叩頭不敢。公曰：「試令其來。」已而猺婦五六人來，夫人好言慰勞，賞之針線、包帕諸物，以銀簪簪其頭，又命諸妾婢灌之以酒，人數大碗。察群婦中其夫嘗以賊事報者，則又陰摘之他所，勞苦之曰：「若夫為吾大人盡力良苦。」私賞之包帕、銀簪諸物，倍于人前所賞者，而益以珎果美物，塞其袖中，又陰戒之勿令人知也。諸猺婦既多得賞，又酒酔跟蹌，舞手出府門，猺夫望見之，歡喜爭前掖而歸巢自是諸猺婦來者至數百人夫人傾筐篋針頭線尾皆盡猶不能給而猺婦相戒以勿令人知者猺婦又洩之以所獨得珍果美物誇諸猺婦以為夫人愛巳諸猺婦皆快快心羨嗾其夫使報賊冀巳入府得珍果美物而公閒使人往諸巢中陰以夫人之命賜物諸猺婦自是賊中消息或猺不肯言則猺婦嗾之使言或諸猺竟不肯言者則諸猺婦自以使人至巢賜物時附耳語云云若勿向我老公語也公所勸必劇巢縛營繩為記無妄殺於劇賊巢得婦女牛畜果隣巢者悉還之

惟陰助賊者逮軍立勳曰若奈何陰助賊或刀弩而門矚者曰罰若牛五若奈何刀弩矚我于是賊讋服無敢陰助賊及門矚者所獲劇賊多不殺剜兩目刖兩耳賞銀數兩而還之巢自是他賊有所虜掠多不遺兵而用剜目者騎而一人牽以詣賊使徵所虜掠賊見之驚曰某巢某某也震慴不敢隱盡還所虜掠而剜目者索不已賊至出自所有與之公以給被虜者而以其餘給剜目者剜目者每一入巢則利益多而為賊者所獲每不補所償則益無利故制欲發兵必請督府檄下乃發公以

爲吾治文書。吾椽史知之。文書上府。府檄下我府椽史知之。多人知則洩。又椰去督府千里。待報喩。亦坐失機會。而書檄往來。水陸諸巢絡繹。能保不爲賊得。于是凡率兵入巢。未嘗先請。既勝則上首虜督府。而以邀遮追賊至巢爲解。于是督府不能以文法詰。而兵謀得無洩。公嘗欲勦一巢。而恐洩也。乃佯病。所部入問病。公曰。吾病思鳥獸肉。若輩能從我獵乎。因起出獵。去賊二里而止。晉軍中始知其非獵也。公又每以甚雨凄風。天冥冥夜。察諸賊所止宿。散遣人齎火銃。以筒貯火。衣毯衣毳幘與草同色，潛至賊所，夜聲銃者二。賊盡驚，老沈至矣。挈妻子裸而蒲伏上山頂，兒啼女吼，往往寒凍死，或觸崖石死。妻子更相嗟怨，汝爲賊何利至此。黎明下山詗之，則寂無人。所散遣出他巢者亦然。他巢大驚。已相聞愈益驚，已而陰詗之城中人，則老沈固安坐城中不出也。自此賊膽落，或易面爲熟猺，而椰城旁一童子牽牛行深山數百里，無敢訶者矣。嘉靖

沈公希儀見督府於梧，時鹽船八十餘阻峽，賊不能前。左江孫叅將千人送之不能，督府以命公。先時公泝峽

峽中大酋侯公丁嘗謁公，公寄六羊，令公丁牧養。至是遣人取羊于公丁，公丁奉羊至濤，公命諸鹽船牛酒犒公丁與其從人，謂公丁護船上峽。公丁身居公舟尾，命其黨乘小舟護船，囑曰：吾以身質于沈公，護不謹，吾碎矣。公因命班首一人與公丁從人護船至武宣，未返時，孫參將與左江兵備聞公丁在公舟，欲乘間捕之，而密言于公。公曰：此斷不可。人信我而我詐之，不祥；招而縛之，不武。且獲一人以疑諸夷，將焉用之？此斷不可。兩人猶豫未決，公乃摘公丁告之故，曰：可亟歸矣。公丁大感泣去、而公所遣班首護鹽船上峽者亦至、不失升斗、公以報、督府笑曰、孫參將千人。乃不如沈參將一班首。嘉靖屠侍郎大山、總制湖廣川貴時、苗民龍阿仔梗命、全楚騷動、公使參將孫賢以一軍軍苗腋、而誘其黨譚細奴啖之曰、以爾酋龍阿仔來者。吾官若。不能然。盡爇若族、細奴乃爲酒要阿仔、醉而縛之、立滅龍氏、而龍他衆亦來報、譚族亦殲、僅細奴以身免、苗乃靖、奏官細奴百戶土帥冉世蕃行萬金抵公家、欲篡父位、公夫人童峻拒之、公聞、乃縛世蕃轅門、杖之百、曰汝奸汝父位。而汚我

金何也且寄汝頸刃矣諸土帥皆恐悚請命 嘉靖

章僉事熙分道蒼梧其地有白馬三洲故險道也江路逶迤林木深阻諸蠻竄伏爲患久矣公至首咨民瘼白於督府檄縣邑治火具大斧長鑱之屬以千數因下令調集諸路營兵統以偏裨而躬履其地度地勢高下而刊夷之盡伐其樹赭其山分兵守焉自是諸蠻奔突竄伏不敢復出 嘉靖

都御史熊公桴叅政雲南時會女官素儀爲亂幕府不能擒服公以冠帶予之令攝郡遂降 嘉靖

土官楊贇殺楊一家數十人，自戕其族，負嚳阻命，擁兵自救。都督石公邦憲發兵鎮遠，贇佯遣人以他事來偵動靜，公直諭以征誅之法，明示破之之計，贇遂詣公欵降。楊國亨以四十八萬之衆爲亂水西，謁土官，辭色不善，即擁衆譁譟而出，主兵者謂宜討之，公以檄召國亨責之曰：爾欲反耶。吾觀爾釜中魚耳。兵衆孰與雲貴川湖之多。爾四十八酋長能忠上乎。吾鑄四十八印，立爲四十八官，朝下令而夕臧汝矣。不然，吾令爾僰嚴倉烏蒙攻後，四川播州攻右，調雲南兵以象攻左，吾以湖貴

兵攻前。爾誰敵耶。爾漢唐以來基業。在吾股掌中。可裂爲郡縣耳。國亨免冠頓首。痛哭謝罪。萬曆

都督僉事彭公倫。守清浪時。以邛水等處賊入境。輙因各寨不卽遮格。以致滋蔓。乃檄所司曰。凡賊入境。諸司能獲一人者重賞。其不卽遮格。仍滋蔓者。置諸法。于是諸司各飭所屬。凡遇生苗入境。皆縳至帳下。一日就敎場盛陳兵衛。令所部目把人等。引前所縳苗來。曰某入吾境。殺某人。某掠某人牛畜。當死。衆曰然。卽置之竿頭。令騎士交射殺之。復剖裂肢股。置大鑊中。烹熟。令壯士

啖之衆苗皆股慄復引他苗前曰其即不殺人掠牛畜奈何故違軍禁入境罪亦當死苗叩首請命左右救解之因令截耳鼻使去曰以此爲識再來吾磔汝矣因飭諸寨令各樹界牌自是衆苗轉相告戒不敢犯界萬曆南京振武營軍亂攻殺總督侍郎命劉公顯爲提督公承新命上言南京營軍習成驕悍宜以法制裁之臣故所統川兵有勇知方乞許便宜帶領隨營操練內以彈壓兇惡外以控制倭夷卒有怙終者許臣以軍法從事俟其內馴外服海防稍靜漸爲散遣部議許以五百自

隨公至營卒帖然。萬曆

王副使化二源之役，爲忌者所中，被逮，尋復以僉事備兵惠潮，公在廣顮閒先後十二年，名賊宿猾，慴公稜名巳久，至是皆麇至，公拒之曰：我去則叛，來則降，是二心也。其酋泣對曰：公招某等，無猜無擾，天施露覆，那得不服。若其他則直視爲賊耳。唯賄是聞，無賄則虀粉矣。今日之來，進退生死唯命，所不敢恐。公爲之於邑，乃復署爲兵，或疑署賊爲兵，安所得餉。公曰：彼皆吾民也，故皆有田，撫之失道則聚爲賊，而疽食于他，我且不得其用業撫之矣彼還爲民其田自在也我得其力彼得其田所謂兵餉兩足何復議餉哉公惟臨陣交綏不少假借及渠魁授首餘黨悉爲安置與之生產所全活不下數十萬其已降而徙戰者即分部之麾下無有異同以故同時用兵者兵日增餉日費猶苦不支而公以賊攻賊因糧于敵不煩厝計而功已成前此所未有也 萬曆

王襄毅公崇古總督宣大時隆慶四年六月俺荅孫把漢那吉來降那吉者酋婦所鍾愛也以郄于俺酋挾其妻比吉等闌入邊公畱之邊吏譁曰此孤豎無足重輕

宜勿留公曰此奇貨可居俺荅即急之因而爲市諭以執送叛人趙全等還我乃優遺以慰其舐犢之愛而制其命其勿急則我因而撫納如漢質子法使招其故部居近塞俺酋老且死而黃台吉勢不能盡有其衆然後以屠耆谷蠡秩居塞外其與黃台吉搆則兩利而俱存之弗搆則以師助之外以博與滅扶危之名而內收其力諜者莫能難皆曰惟命乃上方略大指謂逆全等本以虜嚮導習虜虜厭戰即全等輕故今日非得全等懸槀街虜欵塞未有期也國家懸賞格得全等一人賞千

金。拜官都指揮。請即其一以欵把漢那吉。老酋雖悖。計必不以流人易孫子便。朝議是之。封那吉為指揮。使子是俺荅偵知那吉在公所。又素恃桀黠。未肯弭躬以好語請也。乃召我叛人趙全等計事。全曰。今日欲得那吉須厚賄以贖。否則脅以兵。俺荅然其計。率衆數萬進薄大同。公嚴兵以待。俺荅不敢進。駐兵平虜城外。且索打話無敢往者。百戶鮑崇德。素負膽氣。善胡語。慨然請行。單騎入虜營。俺答盛氣謾罵曰。余自用兵以來。殺若干總兵矣。崇德從容言曰。國家多少總兵。殺之可盡乎。中國倘殺汝孫。汝孫難再得矣。今汝孫已部送進京。予官職收養。必欲取歸。獨有乞恩懇求。乃持兵深入挾取。是速其亾也。俺荅聞言、頗銜之、畱崇德營中、而遣親虜往覘、公乃盛陳兵、出那吉視之、則已易纓纓佩印綬帶金瑩然、揚揚無歸意、虜歸報俺荅釋然、而時方冬寒草枯駝馬多僵仆、衆騎咸怨詈趙全等、于是崇德再入虜營、說俺荅縛諸叛人、以贖愛孫、俺荅猶豫、其妻大罵俺荅、以汝爭必欲得其孫、俺荅乃詭召全等計事、即帳中擒之凡八人、押送中國、内具文稱臣、并請封貢、進至雲石堡待命，公先已請旨，遂受其獻，復厚贈那吉，遣使送歸。那吉猶戀戀不忍去，公諭以朝廷恩意，許奉表通貢不絕。臨行更加宴賚，那吉感泣，誓不敢二中國，乃攜其妻以去。公械叛人至京，支解于市。俺荅旣感天朝禮遇伊孫，而少妻三娘子又切切勸俺荅毋二中國。三娘子者，俺荅長女啞不害所生女，貌甚麗，俺荅私通，遂奪取之，寵幸用事。于是遣使來謝，且乞表式請封。公疑吉囊、老把都未與盟，恐有詐，未許。蓋吉囊者，俺荅兄；老把都，俺荅親弟也。吉囊死，子四，俺荅于諸虜爲尊行，力能合之必同心内附然後可假以王封官諸酋長比三衛示羈縻也公以此難俺答俺答辭以爲土蠻故主也力不能致公獨計老把都與土蠻善而内親黃台吉比時適黃酋使來公乃令黃台吉約老把都以招土蠻與俺答會同請封因可以破三衛交媾之私五年春俺答始與老把都吉囊諸部各遣使持番文來言諸酋長感聖朝曠恩願相戒不犯邊專通貢開市以靖邊氓第欲禁止將士毋燒荒毋搗巢以結盟好上下兵部議兵部謂開馬市先帝有明禁宜勿許公復奏今日之事不當以馬市

例論。嘉靖中俺答擁衆入犯薊鎮。執馬房内臣楊淮等脅以奏開馬市。故先帝不允。而咸寧侯仇鸞出塞無功。潛以金幣媚虜。仍請開市以逭已責。當是時。開市非虜本心。故不旋踵敗盟。先帝震怒。始置于辟。嚴爲之禁。今虜情實與昔殊。連歲入犯。固多殺掠。乃亡失亦畧相當。屬者戴天朝歸孫之恩。既獻俘闕下。復約其弟侄各部落。誓永不犯邊。又非昔之擁兵壓境。挾我邊臣而坐索也。且聞虜欲圖瓦剌。蠶食西番。慮我議其後。故堅意内附。其情可信。又所請市止許貢後容令貿易。如遼東開原廣寧互市之規此國朝待諸夷之常典非昔馬市比且昨歲秋防報警京師戒嚴至倡爲運甎聚灰塞門乘城之議幾爲虜笑今虜納欵內附乃必欲定久要守尺寸以幸百年無事異日有失究首事之罪則豈惟臣等不能逆覩卽俺答亦恐能保其身而不能保其弟侄能要諸酋于目前而不能制諸酋于身後也夫拒虜甚易數言可决虜必憤憤去卽以遣降之恩不犯宣大土蠻及三衛必世糾俺酋父子而聲援以窺薊遼則吉囊諸孽必爲蘭靖洮河之患若允虜封貢各邊有數年之安

則可乘時修備設虜背盟以畜養數年之財力從事戰守不猶愈于終歲馳騖自救不暇者哉臣又歷稽國朝北虜舊有通貢之例如正統初年也先以尅减馬價而稱兵夷虜封王亦有太平賢義安樂及哈密忠順王故事故臣以爲許封貢便疏下廷議賴執政力任公計上許可于是議封俺答爲順義王子孫各封爵有差仍許通貢互市俺答大喜謂使者曰趙全等已除尚有趙宗山餘黨數十人據有板升不滅之終敗和約公以聞悉捕獻伏誅俺答乃遣使貢名馬三十疋遂遣使冊封特

等一城勑名歸化建一寺勑名弘慈老把都等以下二百遞封都督指揮千百户三娘子封忠順夫人是時諸夷皆解辮受封比屬國邊土靖安而中國逋迯知虜不足賴事急即以之爲市有深創矣公之制夷不但孽孫來歸得握其機要而氣岸能吞吐匈奴制其死命故可擒可縱而功竟以撫就狀稱公因敵轉化不可端倪虜實欲迎佛因而許之杜殺端黄台吉實跳梁欲敗盟因而間諜其父子令各自爲備黄台吉失所部兵實内困請降因陽撫摩之拒不納也然終其身亦無他患其操縱

諸酋皆此類。萬曆

虜王俺答提三十萬衆西牧，徑甘肅，時張公九一以副使備兵甘州，公與督撫謀，言虜王子小吉囊敗于瓦剌，以父兵報怨，其曰迎佛，虛聲耳。勝則氣益驕，敗則羞而成怨。我且代瓦剌受禍。雖然，彼不訟言報瓦剌，而藉口迎佛。固無必勝之算矣。使使說以瓦剌必不可報狀，虜王老於兵，信之。不復言報瓦剌，則有和土魯番哈密出嘉峪關之說。復使人論之：關以外若爲政，關以內我爲政。不得闌入也。虜計沮，則有甘州馬市之說，復使人

諭之。若市固在宣大。宣大市罷。則許若甘州。虜計沮。則
有諸番茶市之說。復使人諭之。茶非若所需。番我屬國
也。何與若事。虜計沮。則有由內地歸無迂道曠日之說。
公欲無許則示弱。欲許恐生得失。按地圖而爲之約。非
此不移尺寸。東則鎮羌。西則洪水。中則永昌水泉。宿重
兵爲犄角。緩急相應。而間諜李伏保王甲等日伺動靜。
誘其左右爲我用。期以某日至某所。所携毋得過若干
人。牛酒外毋得他索。虜王唯唯聽命。小吉囊不得逞。於
尨剌不欲父東歸。公知俺答所嬖者外甥三娘子。三娘

子、與譯使馬應時通、擒、應時、而俾以王、東、歸爲贖、於是三娘子泣涕、從吏王東歸而王所迎佛鎖南堅亦召入甘州、餌令與三娘子合諜、三、娘子、騎而前、呼曰、余、馬首、是、瞻、王、遂、東、是役也虜十萬牧青海二年、秋毫無犯萬曆虜故桀黠嫚漢吏而俺答弟把都兒子黄台吉尤梟悍善戰、薄市賞心非父兄所爲、每貢、俺答以私馬代進、得賜物、抵地上不肯受吳公兌思有以震讋之市日俺答與諸子弟去塞百里而獵、其精鋭屯塞下、將吏皆集張家口以塡之、公、偕文、武四、五人、騎而、出、二監旂導直趨虜營虜錯愕咸張弓挺及公遣人馳告軍門來覲營寨且犒若可共下拜虜乃拜跪爭獻酥酪遂按行其軍驃而返主公崇古聞之大駭遺書規切公報書言已出有三利虜衆近邊强壯皆集可以悉彼虛寔一也彼方恫疑約難堅久今輕騎直往推心置腹使無我虞二也虜常輕我謂中國無人今以二三將吏親蹈虎穴犄撝數十萬之中彼將震駭失魄奉約惟謹三也且俺荅在遠營中皆小酋不虞我來請命則無及擅謀妄動非虜法此其智勇俱失之時僕籌之審矣王公乃嘆服萬曆

㓜黄台吉娶婦、生扯力艮無寵、又妻大成台吉之母、生五路台吉、色衰、復棄之、盡奪其所部萬騎、與他庶孽、又東掠史車、就室於忍顏、吳公先知諸子失兵、怏怏而父遠出、欲以奇計䟽析破弱之、扯力艮請賞、公呵曰、爾父爲歹不畏誅。更乞賞。爲對曰、父暴吾母、吾無如何矣、能止暴邊乎、公因爲密謀曰、聞爾兄弟殊失職。吾取爾父騎歸爾、爾能報我忠朝廷乎。泣而對曰、能、曰、爾父腹心。惟革布耳。吾助爾誅布。布誅、率爾衆依姑多羅以牧。五路兄弟亦率故騎合於大成台吉。二人素與爾父郄。力是抗也。爾父歸。必不敢問騎。爾長有爾衆矣。扯力艮兄弟、果殺革布如公策。黄酋歸、恚甚、不復詰問。於是勢稍衰損。公又使其將邀把都兒而醜之、青把都怒、絶貢擁兵至塞、要求十三事、將吏請少從之以釋其憾。公曰、不可。此嘗我也。從之、祇示弱、將生虜心。乃召之前、爲開陳禍福、曰、汝能貢。仍賚汝。否則聽營中砲聲耳。言畢、千砲並震、虜馬皆辟易、乃號泣乞貢而去。自黄酋失衆、把都兒死、而虜王益惴懼、款益堅。萬曆

貢市初起、制度草略。吳公兊始制虜王貢儀、定書稟之

式通使之禮，我使類用白衣充之，至虜庭皆鮮腆隆重。虜使入，遇絫遊于途，避馬下立，言事則跪，置夷館，以五鋭士夾之，虜加扃鐍焉。每市賞，止酋長牆外驗票，犒給輕重有差。所市馬良者，予直七兩七軍，共領之，遍而殺至三兩三軍而止。其法最詳密，後來皆謹守繩度而已。虜習侵盜，雖欵服，時譁于市，或潛盜所鬻馬以去。公患之，令守者持白梃伏而伺，得盜皆痛棒而逸之。虜以爲言，使對曰：「暮執賊，安問胡漢？孰令爾爲市而盜乎？」虜聞皆漸沮。一日有旋風西來，公下令曰：「晚有賊從東方至。」

述備之。是夕，盜馬者吟不慎部七十人果入東脇門砲舉，賊遁。禽二人。詰朝獻馬請釋俘。斬不與掠我七人以去。公命閉關停市，告諸部逮。移營避我，我發兵追不慎矣。諸部震懼，共追還所掠，以不慎馬九九謝，效罪乃舍之。打喇名安執我樵人以要貨，公聲罪於諸大酋，乃共收畜千獻之。表聞，詔以賜諸部，虜益懷服。萬曆

東貴者，青把都兒女也，嫁東虜，隨其父貢，與邊吏言稱其貧。吳公兌因謀結貴以探知東部事，謂貴昆弟每一馬取紬一，畀貴。凡得紬二千，東貴俄獲厚貲，出願外，感

泣去、乙亥、遼東以虜謀大舉聞、廷中屬公偵之、諜從東貴帳中、具知土蠻亥生辰、避歲不爲寇、其弟莊兎兒病不能騎、犬兵皆糜散、徙附邊數小部、謀掠全河以東衆數千人耳、始遼帥謬謂虜用衆、又未知所向、留廣寧以待之、及得公報、亟以兵趨平虜堡、值歸虜捲甲重載、蹈氷而渡、師薄之、斬數百級、氷解、虜溺死無筭、遼帥以功封、公賜金幣而已、萬曆

吳公兗以副都御史總督宣大、時俺酋既老、頗佞佛、至是將西謁番僧、寄帑於公、留旂箭表信而去、譯語甚畢、

虜所道出秦涼塞諸邊皆震聳公與約俾繞賀蘭山背
以行而使使絕綱之禁毋近邊公又計虜西且以兵力
臣瓦剌分有其衆勢益强乃陰求得瓦剌亾臣餽勞之
與謀曰俺荅爾仇也比西行名爲迎佛實將徼利於爾
爾部小弱誠難與爭鋒若舉衆陽附以驕其志俟其惰
而擊之可一戰殲也及虜王過瓦剌瓦剌供具甚謹猝
以精騎邀之如公策虜大挫衄至番留不歸將與和親
公聞大驚曰果爾且續胡斷臂矣乃密遣人厚遺番部
令與虜絕番得餌遂絕婚時俺荅以契召諸部兵將復

讐酋剌青把都等不應公策酋且疑怒內顧少子以書撼之曰主久播越內變將起顧爲爾小子謀使雲中以二萬人出塞四百里樵蘇達於陰山砲聲殷轟虜酋衆皆驚擾驟騎以告俺荅即日東還於是衆耗氣衰矣萬曆

張大司馬佳胤撫宣府時虜酋滿五掩鐵騎六百闌入獨石口剽掠公檄大將麻錦伏兵邀之生獲其副八賴滿五使求之辭甚哀公計以縱之則見狎僇之則見讐乃以屬大帥錦俾建旗鼓縛八賴將斬而馳赦之八賴

叩頭流血曰微太師身首異處矣公諭以威德給之銀符八賴自誓不敢復闌入邊然八賴擾而滿五驕明年挾益賞公下令有浮予一餅一肉者斬滿五乃媾段奈台吉銀定倘不浪數千騎闌入有所殺掠公移文順義王罰段奈台吉馬駝牛羊以償銀定倘不浪强俺答不能制公謂虜之敢於敺脫挾者以內地狥之也內地不敢抗者懼廟堂以開端罪也因上疏極言不宜狥虜人挾求不宜令邊臣掣肘虜萬一渝盟臣請悉一鎮之力制之不效則治臣之罪上曰善虜偵聞公治兵互相恐

乃更還所略人畜，獻馬百六十疋，求勿解互市。萬曆大司馬王公世揚，先以僉都御史撫上谷、初廷議撫史車二酋，作塞外偵、而大酋黃台吉等闞與媾也、計且縻彼以廿心我、而撫處者狃其款、忽不屑意，西庭酋安兎因是得誘史酋依帳下、與爲豕突、三歲所、邊患苦無誰何、公首下令諸將亟招撫，而西單于因是縛獻史酋、廷議欲俘之廟而釁諸、公矍然曰、是故吾屬也。而脅息夫酋帳下。吾本爲此。奪夫酋者三年，脅息恩而自樹屬也。果俘之。則我更爲鸇。安兎爲叢。塞下諸屬夷。且股栗脅息他所。而當事多齟齬、公急移書大司馬、復上疏廷列狀、竟得俞旨、還史酋所部、而諸屬夷讙焉、嚙指稽角、王公眞卯翼我、委心受戎索、而安兎遽然失算、時闌入盜塞、公檄東陲將吏踐躡林斬首四十級、安兎恚而媾西單于、不應、怏怏去、公既間收西單于、而東單于桀黠率種落蔽野、索市賞無藝、公曰、金繒吾以犒鬭士。收窮夷、且爾不飽二十年豐犒耶。一如曩歲令。如約則來。不者閉關、東單于不敢復言、而滿酋憒憒壁塞下、公勒停其市賞、曰能一決甚善。酋憬然罷兵請媾、公故持之、而左谷蠡王朝兎輒與輔而抗我公令降虜斬級獲馬朝兎輒掠我乘障士易馬公譯令謹視吾士委一士漠外者必擒爾一當戶朝兎逡巡還所掠奉款公令與屬夷刑牲歃血款遂定長伸堡者故虜地也而饒款定乃爲我有溫偶騍來求之公曰傳三世不求地何物酋敢絮乃公令兩鉗奴鉗其耳標諸轅門外而會亭卒捶殺渠部夷公先以戎索詰彼關亭障者溫偶騍囁指徙帳四十里外去無敢問贖癸巳虜大饑關市馬不如額公以額馬十折皮張馬一虜懽如更生而省歲市二萬幾千

金萬曆

都御史沈公子木撫山西時會虜王死子當嗣封乃故鷙驁不肯俛首來徘徊境上或擁鐵騎馳驟若要挾然衆皆疑虜盟將敗謂宜絶之公曰是安可輕易重餌在此夫將焉往姑徐之當自就我銜轡耳惟勅邉吏嚴爲備虜憚不敢發卒受要束去萬曆

都御史孫公維城憲副山西時分廵上谷要塞躬歷險扼簡卒蒐乘築亭障二百六十所招屬夷史車二族待其生口千餘分布塞下已進按察使虜小酋安兔恃其

驍健，挾市龍門，日請以鐵騎五千，待命關下，惟太師進止之。督撫謂公云何。公曰：無傷也。因請試華其賞而遣譯語兎曰：若乞兒也。衆不能千。入必借兵某酋，某貪漢物，誓不借汝。虜王又陰許我召汝歸巢。不則收汝部落。吾以大兵蹙之，爾安所乞命乎。兎聞嚙指曰：太師知吾虛實，乃獻出邊屬夷白贖，毋敢挾市。萬曆

都御史梅公國楨督宣府時，拙酋遣人送良鐵數十斤，云虜中某山忽産此鐵。公不報，但命工鑄爲劍，淬磨甚精。及虜來市，公禁諸邊勿與鐵鏃。虜衆大譁，公出劍示

虜使曰前者虜王所遺鐵中國殆未有爾國幸有佳者何用此下方産也虜衆聞之歸怨扯酋扯酋詞屈乃遣人來白云其知罪矣前鐵實中國市來虜中安得有此聊爲誇耳公曰我以至誠待爾此後勿復作此狡獪仍命以鐵鑊與之公雖令虜不敢欺而每遇虜饑輒以賑濟與華人不異故虜皆感泣酋王稱之爲父萬曆

臣畧纂聞　卷之

皇明臣畧纂卷之四終

皇明臣畧纂聞卷之五

江西右叅議前湖廣督學使常熟瞿汝説輯

兵事類

攘

永樂中都督劉江總兵鎮遼東備倭巡視各島見金州衛金線島西北望海堝上其地特高聳可駐兵守備詢諸土人云洪武初都督耿忠亦嘗於此築堡備倭離金州城七十餘里凡有寇至必先過此實濵海襟喉地請築城堡立烟墩一日瞭者言東南海島夜舉火光公計

寇將至，亟遣馬步軍赴堝上。翌日倭賊二千餘以數十海艔直逼望海堝下，登岸魚貫行。一賊貌甚醜惡，揮兵率衆如入無人之境。公令犒師秣馬，略不介意，以都指揮徐剛伏兵山下，百戶江隆率壯士潛燒賊船，截其歸路，乃與之約曰：旗舉伏發，砲鳴奮擊，不用命者以軍法從事。既而賊至堝下，公披髮舉旗，鳴砲，伏兵盡起，繼以兩翼而進。賊衆大敗，死者橫屍草莽。餘衆奔櫻桃園空堡內，我師追逼環擊，皆奮勇請入堡勦殺。公不許，將開西堡以縱之，仍分兩翼夾擊，生擒數百，斬首千餘，間有潛脫而走餘者又爲隆所縛無一人得脫凱還之際諸將士請曰明公見敵意思安閑惟飽士馬及臨陣作真武披髮比追賊入堡不殺而縱之何也公曰窮寇遠來必饑且勞我以逸待勞以飽待饑固治力之道賊始魚貫而來爲蛇陳故作此以鎮服之雖愚士卒之耳目亦可以壯士卒之氣賊既入堡有死而已我師臨之彼必致死未必無傷於我故縱其生路以逛之即圍師必闕之意此固兵法顧諸君未察耳事聞進封廣寧伯永樂

侯端爲金山衛揮同永樂十三年倭猝薄城南官民出

走公出東門去城三里地名楊家團屯住單騎至海塘偵之時潮退倭船大不能上各乘走舸銜尾而進公望見當先一船有一衣紅人知是夷酋遂策馬入水涉水深浪湧馬韉護水不能前公以佩刀斷而棄之將近一箭斃其紅衣者賊即麾旗止其後隊復回大船悉衆而上公料其勢衆銳未可攖其鋒且慮其識放箭時所坐白馬返至海塘下適有牧羊者手刲羊血以塗其馬馬盡赤還駐楊家團同事郤某分軍出南門不量彼已輕與交戰全軍潰賊遂由南門入公在團下令持束薪向

盡入城趨至賊船悉焚其十三艘遂率衆前至東門門閉不得入趨南門亦不得入轉至西門弔橋斷公視其馬曰我命不絕汝當努力不爾我與若俱死矣馬忽然一躍直過城濠倉卒間墜一劍于地馬嘶起授公公旣入西門回顧後軍無一人繼至公與賊巷戰數十合且戰且馳賊衆咋曰好將軍也至衛前賊以所掠布疋旁午於途以罥馬足欲生致公公以一劍挑布以一劍斷之賊咸仆地又以長鈎鈎公着左膊公不爲動墮甲四片而去遂出東門復集散卒與之申約奮勇入城盡殲

賊衆無一生還者公平日以膂力聞府治石狻猊大丈許以腕挈之行十餘步策馬過坊門交手抱楣上兩股挾馬懸之人尤驚異南滙地方有虎傷人公格殺之烽堠下至今土人呼其地爲侯公殺虎墩云永樂

宣德間西虜阿台朶兒只伯數侵盜甘凉都督任禮蔣貴等勢敵不相下狐疑莫發時王公驥爲兵部尚書輟部務行邊制詔一切便宜行事先是都指揮使安敬爲偏將驕而怯都督蔣貴都御史曹翼追虜至魚海子將及之而敬謂前途無水草不可進引還曹翼言狀上密

勅公責貴欵狀而僇敬軍中以徇公故秘之而大會諸
將方就坐忽揖敬下曰汝奈何逗撓誤大計命斬敬而
謂貴曰公亦當死且責狀以報于是諸將士股栗莫敢
仰視公乃請分兵畫地自莊浪西南抵黄河東北抵寧
夏屬都督李安自凉州北抵鎮番南抵古浪東北抵板
井屬都督趙安自甘州東過山丹抵永昌北抵臙脂堡
西抵深溝壘屬任禮自肅州東接深溝稍東北抵鎮夷
西抵嘉峪北抵天倉屬蔣貴約以賊小至則各自戰守
大至則并力拒敵軍勢遂大振尋下詔任禮爲平羌將

軍蔣貴趙安副之而公特爲監督討阿台朶兒只伯諸進止悉取公公諜虜營狼山等處乃選精騎授蔣貴使爲前鋒而自與任禮等以大軍繼之且與貴約曰勉旃不能成功毋相見也貴敢奮直前搏虜敗之虜渡黃河遁去貴等追敗之于石城虜食盡竄兀魯乃地貴復以精騎二千五百出鎮夷間道兼行三日夜及而大敗之得其左丞脫羅及裨校百人斬首三百餘獲駝馬兵甲以千計朶兒只伯與阿台以數騎遁尋竭死而任禮兵亦至梧桐林得樞密同知僉院十五人明日至亦集乃

地得僞萬戸二人以爲鄉導窮追五百餘里至黑泉而還招其平章阿的平并部落數十帳降右軍趙安等出昌寧至刁力溝得右丞達魯花赤三十人駝馬兵甲稱是捷聞貴禮皆進封伯爵而公兼大理卿支二俸還京

宣德

正統間定西侯蔣貴總兵討戎王阿台生縛孛羅等百人諜報阿台屯伏河西遂躡踪倍道至亂山奮勇衝入且追且殺至石城泉斬首二百餘盡獲其馬䭾衣械虜有逃奴來言阿台所在公議即往副將李安沮之公拔

劍厲聲曰、汝任邊寄。肉食且數年。坐視其縱橫不制。尚掉三寸舌以撓我師。敢復諫者死。乃策馬前馳、見賊遂整陣而前、生擒男婦數十人送營、諜復知其不遠、令軍士疾走、至兀魯猝見虜牧馬、遂約銜馬群、以鞭擊箭槊、驚之、虜盡佚、虜旣失馬、皆挽弓步戰不決、即令衆躍馬、揮刃齊入、以旗牌手督之、遂大捷、內擒一胡譯、審自石城泉敗衂、止餘八百精勇者、公得其情、乃分爲犄角勢、列五百騎爲左右翼、縱百騎登高峻、疑之、旣遇賊、夾擊、轉戰逾九十里、向台亦窘死、西土遂寧、正統

正統丁巳、達賊朶兒只伯擁衆寇邊、毛武勇公忠從平
虜大總兵蔣公征勦、追至兀魯遇敵、當先交鋒、以七騎
破陣。月哈客使臣朝貢歸、過赤斤沙州罕東、遇達賊被
掠、公至罕東大集渠魁、諭以恩威、虜即羅拜悔罪、盡還
所掠。時聞沙州都督喃哥潛通瓦剌、將謀內寇、其弟鎖
南奔巳客受僞封祁王、逸去、因令公覘之、廉得其實、遂
擒番僧加失領真并徵兵虜檄三紙械送京師、復領兵
沙州收捕喃哥等千二百人、夜襲虜營、生縛僞祁王鎖
南奔并部下二百餘人、巳陞左都督、鎮守甘涼、虜酋字

來擁衆寇莊浪，公領騎士三千赴之，衆方集，賊騎萬兵突至，公嚴督將士，殊死戰，凡百餘合，賊應弦墜馬者不知其數，賊衆稍却，虜酋復立陣前，宣大言以惑我軍，重圍愈固，公單騎往見，責其不臣之罪，自眥皆裂，援兵且俱至，賊遂解去，全師還，後大敗虜于永昌，癸未冬，與總兵衛穎計勦把沙巴哇等番族，功成，進爵伏羌伯。正統

正統壬戌，邊海桃渚千戶所倭賊登岸，失機守邊三司懼罪自縊，陶副使成被命整飭邊務，至則量海寇來風汛時月，預以釘板陰布于沿海泥淖中，賊艤舟爭跳躍

登岸足盡被刺衆踣伏兵四合賊殲舟皆焚自是倭寇不復擾海東公又奏減京運二十五萬留精兵八十餘名屯戍要口常戍者出糴兵洋中以民兵屯平陸海遂無警正統

楊武襄公洪在獨石時三以奇兵取勝塞下爲宣廟所知及以左都督節鎮宣府尤嚴紀律與虜遇輒擣其虛或夜刦營斬獲無算其守邊屯營專用鐵蒺藜正統十三年封昌平伯每出兵必與其姪武强伯楊能彰武伯楊信偕戰輒有功用致羣醜竄伏威震華夏虜畏公呼

楊王十四年、虜入敗我土木、洪率兵往援、虜衆已擁駕北狩、力不能及、痛哭城下者二日、不得已收兵入守、十月、虜犯京師、景帝召洪入衛、洪同摠兵石亨、敗虜西郊、又率兵追擊、遂至固安、大捷、捕虜阿歸等、奪還人畜各萬計、旋師、進侯、正統

虜酋也先犯京城、有言石亨勇者、于謙薦亨出獄、令立功贖罪、亨統兵出安定門、即與虜遇、挺刃單馬進、左右馳突、獨殺數十人、亨從姪彪、又持斧率親兵從之、諸軍懽呼踴躍、聲震天地、虜却而西、亨等追戰城西、虜復却

而南亨令彪率精兵千人誘虜南至彰義門虜見彪軍少逼之亨率衆乘之虜大潰南奔亨日夜追虜三日至清風店北虜將出紫荆倒馬關懼我躡其後亨遣諜者紿虜亨且未至陣中將者假亨名耳虜信之來攻我軍亨率彪與精銳數十騎奮擊大呼直貫虜陣乃斧齊下殺虜數百人虜始知亨在韋亂相蹂踐亨悉衆乘之盡棄所掠羊馬財物餌我得遁去亨旣敗虜威名益震虜見邊人輒呼石爺爺論功封武清伯尋進封侯總京營彪陞都督僉事爲大同左參將虜畏之稱石王景泰

定襄侯郭登守大同時、上皇北狩、十月虜以和爲名、犯京師、公欲率所部兵、并糾集忠義、從雁門入援、先以蠟書馳奏、大畧謂胡馬南驅、三關失險、賊留連内地、爲患非輕、欲悉起各處官軍民壯、入護闕庭、京兵擊于内、臣兵擊於外、使賊腹背受敵、首尾不救、奏至、賊已退、十二月、虜復欲犯京師、公以京兵新選、不可輕發、又疏曰、今日之計、可以養鋭、不可浪戰、可以用智、不可鬭勇、其涞水易州眞定保定一帶、皆堅壁清野、京兵分據犄角、安營以逸待勞、以主待客、勿求僥倖、景泰元年正月、賊入境率兵躡之行七十里至水頭日暮休兵夜二鼓東西沙窩賊營自朔州掠回公召諸將問計或言賊衆我寡莫若全軍而返公曰我軍去城百里一退避人馬疲倦賊以鉄騎來追難以自全即按劒起曰敢言退者斬徑薄賊營天漸明賊以數百騎迎戰公奮勇先登諸軍繼進呼聲震山谷公射中二人手刃一人遂大破其衆追奔四十餘里至栲栳山斬虜首二百餘奪還人馬器械萬計是役也公以八百騎破虜數千爲一時戰功第一

景泰

都御史李公純，正統間以御史巡按遼東。時國家有土木之難，純曰：「胡虜以我兵勤王而西，必出吾不意。」於是選精鋭八百騎，指屬險要，急令防守。虜果有萬騎直趨遼城，未至二十里，純設伏兩路，待虜半入，舉火擊之，虜首尾斷絶，不得相救，斬獲無算。後巡撫榆林，大虜壓境，純微服潛行賊中，盡知其虚實，回鎮集將官，行間諜，攻虜所不備，虜大敗，斬二千餘級，遁去。

景泰虜破紫荆關，至都城，掠西北郊，勢甚急。羅公通奉敕與指揮趙玫、楊俊，選居庸關精卒入護。楊俊懦虜，使旗牌官吳良、寗言公、欲以本軍六千人遁、公縛良斬之徇軍中曰、敢有復言退軍者如良、乃自至龍虎臺説俊曰、紫荆失守京師孤懸旦暮望我救援爾軍若遁則居庸不能守、京師聞之士卒寒心而虜勢益張此社稷安危之機也、若第毋動、我保爲若破賊、俊始愧服、公并俊所領兵將之方提兵赴援、會于謙有德勝之捷、虜又聞勤王兵且至、也先與伯顏帖木兒謀、伯顏帖木仍奉上皇出紫荆而也先則以鐵騎攻居庸關、公用水灌城、城氷厚堅、虜不能近、公與少監潘成指揮趙玫謀曰、虜所恃者

鐵騎。夜環以爲營，晝用衝敵。吾與若等所將大半召募
客兵，不足恃，若驅之當虜，是何異驅羣羊當猛虎，須以
其鐵騎，而後虜可破也。衆皆曰善。虜人臥用兩
相比，二人共宿一革囊，橫置馬上，鐵騎外繞，每鐵騎
隨一犬，有警，以犬吠爲號。公多用鹺虀實熟羊肉置藥，
漏下二鼓，使夜不收持鹺虀雜投虜騎中，犬啗羊肉，甚
飽，以石試投之，不吠，隨以油索連套鐵騎馬足，夜過半，
開城門出軍，燒虜營，鼓譟舉火砲，四面擊之，虜驚，鐵騎
聯絡，咆哮跑躍而縛益急，營內虜騎盡驚，又爲鐵騎所

制不能馳砲擊殺鐵騎人馬自相蹂踐死者數千遂大潰三戰三捷擒虜酋邪吉帖木兒斬奪人馬盔甲弓箭以千計盡奪回所掠都城人口虜遂遁景泰

副總兵韓斌天順間為寧遠揮使時義州屢失事總兵官王琮被勅責恐甚斌請當先自效琮以五百人屬斌拒賊逼之于八塔兒賊衆四千圍我闕其一面或幸焉公曰是將誤我不可忽也令營中聯馬死鬬而出生擒一人斬首十三級充左參將分守延綏西路時北虜毛里孩擁衆十餘萬入定邊營斌率五千騎伺其歸擊之

斬首六十七級比收兵虜衆猝至圍之數重約日出將蹂躪焉諜以告斌度衆寡不敵難久支出不可緩令我軍悉衣白以自別或謂東南圍薄可出也斌曰若是虜將弱我而乘之矣乃向虜衆奮呼而出有所斬獲斌戒勿顧比出猶存七級焉已而虜復入花馬池有衆三萬斌度其難以戰勝列陣城下出精兵三千陣車前賊知有備不敢近成化三年建州賊數擾邊斌以遊擊分守遼陽改充副總兵斌謂遼陽與建州接非堡兵不能守親歷緣邊相賊所出沒處創東州清和鹻場靉陽及鳳

凰鎮夷草河湯站等堡寄烽堠增戍卒自撫順迄於鴨綠南北幾千里聲勢聯絡居民因得墾灌莽田之屯利日廣而虜深入之謀殺矣賊之寇靉陽而還也邀其歸路值淫雨連日令士卒下馬徒行多怨者斌曰馬疲則遇賊不可用矣我豈欲勞人乎至將及峪部分將士舉號火縱騎追奔馬有餘力遂斬六十三級天順

少司空彭公誼巡守遼東時視諸將多新進不閑軍旅未可用俱遣屯田而獨嚴邏卒謹烽堠虜疑不敢大入而時復鼠竊諸將累請出師公俱不許衆議籍籍公乃

閱之、坐作進退皆失其度、公開教之、明日又閱、稍稍如度、公問諸將何如、皆曰、願日受習教之功、怒曰、渠輩累請出軍而戎事尚未習、若猶渠所請、豈不誤事乎、皆重杖之、令習一月、再閱之、則軍成矣、公又言曰、今竟何如、諸將拜服、公即授以方略、遣之出塞、軍士踴躍、啓行、虜聞之、使人請降、使者言甚張皇、且言地多喬木、騎恐難入、公笑曰、木可去否、即令軍萬人各持一斧一炬、使人去一木近根之皮三寸、以炬爇之、數日木皆枯、炎焚之矣、虜懼、遂皆乞降、遺有紅羅山甚高、其外即虜、嘗登山

覘望乘不備即入寇公於上築垣守之虜不敢復登山

天順

成化間虜犯榆林定邊總兵許寧令士設三覆而偃息以待虜覺遁去追斬甚多時陝西歲歲虜患寧謂王越余子俊請兵大剿之尚書白圭以持重爲便議遂格後復申覆巢之議謂三虜分寇實難預料其入路入而後援道遠兵疲勝負固未可知虜能往我亦能往批亢擣虛制之善者也王越是之奏聞越選騎偕公從紅山夜行百八十里營於白鹹灘探知虜家在紅鹽池又行百

五十里取弱馬布陣張勢公將左遊擊周玉將右選鋒直入而分兵設伏於隘方戰徐引而南伏兵盡起夾擊虜大潰追斬三百五十盡焚其巢成化

大同有虜警當置巡撫吏部以王公越名上召見便殿公故偉服而短其袂上熟視良久曰非故侠御史耶可使弁而將也遂擢副都御史以行踰年破虜延綏進右都前是文臣視師者多從大軍後出號令行賞罰而已至公而始多選驍勇跳盪武騎爲腹心將而與虜搏又多設伏徼虜破之虜自河套渡分寇西路而其妻子營

於紅鹽池、公諜知、選精騎萬餘自出塞、齎七日糧、晝伏夜行、毎二舍伏兵數百人、使休行、四日、天未明、至虜帳、萬騎齊蹴之、縱火、且擊且射、斬首三百級、奪其馬牛羊器無算、盡焚其廬帳、比午、虜自外趨歸、悉力追軍、公結陣徐行、殿者與戰、及前伏兵起、又與戰、虜再遇伏、知我有備、大慟、渡河而遯、庚子、同太監汪直、出大同、諜虜帳在威寧海、則選二鎮之勁騎二萬餘、分道乘風雪薄之、虜狼狽出戰、遂破虜、斬首虜四百三十七級、鹵男婦百七十、馬駝牛羊以數千計、旗纛甲仗萬餘、捷聞、封威寧

伯、成化

寧夏孤懸河北、而境土狹小、都御史王公珣往撫、因濬賀蘭山渠以廣屯田、遏虜騎、邊防賴之、虜寇花馬池、深入臨鞏、總兵郭鋐以衆寡不敵、不敢出戰、公曰、虜深入、獲利而還、實驕且疲、以逸待之、勝可必矣、戰于石溝、破之、弘治

南刑書陳公壽巡撫延綏時、適大虜在邊、鎮城晝閉、公易置將領、分布兵馬爲十路、各屯駐要害、使相應援、多遣覘卒哨探、軍大振、虜入、伏發邀擊、大敗去、火篩脫羅

干諸酋糾率部落精兵至先以百餘騎誘我諸將請赴之公曰虜衆未可當也自出帳前擁左右數十騎據胡牀麾指飲食如無事虜望見疑之輙引去而諸路將領以公方畧邀虜破斬無算弘治

孫都御史修理全陝屯政時適虜犯秦隴別部萬餘奄至平凉藩臬重臣有事於土者皆不至公偶以公事過之關防弛備宗室內震城且陷公急令塞諸門招胡騎哈指揮者率敢死士百人挾勁矢射之虜大讋乃環城數里而陣於是城守始嚴城外居民數萬家亦賴以存

虜遽引却，是時微公，則平凉皆虜魚肉矣。正德

都督杭雄鎮寧夏，每捬衝突戰，奮臂先倡，嘗逐賊涉河，一賊急握公兩手，水中鬬，公力扑賊，殺之。一日以數騎出，值賊稍衆，公令悉下馬，取馬鞍爲壘，跪射，賊退，解衣腋中落血塊如盃，蓋中飛矢不自知也。正德

馬都督永之戰洪山口也，設伏山隘，身領控弦白挺數十據山測候，胡入口二三百，乃自躪張引强以斷後，胡先胡半爲伏兵所殄，餘皆緣溪澗竄逸，群胡聞之，號呼喙遁，自是不敢牧馬洪山口。正德

楊公一清撫陜西時虜數萬入寧夏直抵固原公率帳下五十餘人趨會總兵曹雄議方畧衆遮道不可參政安惟學曰公行何恃公不答徑去賊圍各馬營見原選新兵軍容甚整駭之文聞公且至乃移侵隆德夜薄城下公先是已聚城中人褁氊乘城連發火砲響應如數萬人酋長疑大兵至遂掣衆北走正德

嘉靖壬午虜寇西陲號十萬飛檄告急時李恭簡公鉞以兵部侍郎奉命行邊馳至固原虜勢方張援兵未集危甚公下令大開諸營門晝夜不閉虜疑有備不敢逼

公間用火砲擊傷甚衆，虜引去。詔公總制三邊，虜復深入平凉、涇州，人懷疑懼。公曰：「此成禽耳。」乃密命遊擊將軍時臣、周尚文等分伏要害，斷虜歸路，我軍大捷。公曰：「虜失利必憤，憤必復來，延綏諸路宜有備。」虜果寇延綏，伏發破之。嘉靖

王康毅公憲總制三邊，至則以軍法約束將士，厚賞募間諜，探虜虛實。久之，諜報虜傳箭將入寇。公預調集延綏、固原、寧夏兵二萬，當賊入道伏，而虜鎖合兒伯通千七百騎果繇花馬池潰墻進攻入營，固原參將劉文伏

發敗之斬首九十三賊遁趨哲思溝榆林副總兵趙英邀斬首三十又遁至青陽嶺榆林遊擊卜雲邀斬首九十五前阻復回過寧夏總兵杭雄邀斬首九十五獲馬五百二十二匹鎖合兒伯遁殲焉嘉靖

姚尚書鏌撫延綏時延綏士卒素忠勇公厚撫之凡將領不得私役一兵驍勇士悉引見勞慰繇是人樂爲用

嘉靖壬午虜寇涇陽全陜大震上遣都御史李鉞行邊公乃以遊擊彭英勇畧使率所部出西路釋指揮卜雲于獄爲英貳皆誓决死戰偵虜方寢前鋒過其壘砲發

虜悉衆而南前軍返襲其後英等大軍乘之斬首八十餘級虜衆悉引退嘉靖總督曾侍郎銑以虜患在河套上疏請復言河套古朔方地漢武帝命衛青逐虜因河爲塞唐張仁愿復於河北築三受降城即國初東勝衛及東西受降城地後三城內徙套爲虜穴守禦煩勞三河坐困故套不除中國之患未可量也臣嘗較之秋高馬肥弓矢勁利彼聚而攻我分而守則虜勝冬深水枯分帳散牧馬無宿藁日就羸瘠春深陰雨彼勢益弱我乃淬厲戈矛備具火器

往乘其敝。時則我勝。今不乘其敝而用吾利。是以鮮功。請以練兵八萬人。益以山東鎗手二千。每于春夏之交。水陸並進。直擣巢穴。歲歲迭擾。虜勢必折而遠遁。我乃弁河爲塞。修築邊垣。分置衛所。修復屯政。轉輸可省。形勢益壯。中興大烈。其在斯乎。用條爲八議以上。輔臣夏言從中力主其議。會嚴嵩有私憾于言。欲借公以傾言謂公擅開邊釁。言從中主之。禍不可測。激上怒論斬。嘉靖

都督周公尚文多謀善戰。清約愛士。飲食同其苦。能得士死力。善間諜。悉知虜中委曲。故戰輒勝。自壬寅以後。

虜數入宣大山西無寧歲邊將望風奔潰惟公數當虜有功不敗然戰輒被創甚偏關岢嵐之捷公父子俱大創虜遭挫衂亦輒奔哭去虜號公爲太師聞其名即縮頸噤舌遠遁矣嘉靖

嘉靖間少司馬吳公嘉會整飭薊遼時虜二十萬騎入潮河川公擐甲登陴督兵力戰俄一虜攀援上及堞我軍斮其腕墮虜氣沮分道攻他壁更入晝夜公設大黃待之夜募敢死士斫其營虜大驚潰宵遁乙卯春虜萬騎從馬蘭峪入寇公約大帥逆戰于郝家庄未陣忽大

風起塵霾敝空火銃霆震虜駭以爲天兵下也墜馬墮崖谿蹂躪死者如丘無何虜犯古北口我軍禦之虜忽移帳避舍公策虜佯退意將夜襲我也則伏兵陘中而設火器於山巔伺之見星胡騎果至伏起砲發虜大擾至手自相刃則東走桃林冷口徘徊久之不得間以去其秋復寇昌鎮不利引而西公策虜西必趨大石嶺預發徒卒往據其險虜至我軍從上下礧石連斃數囚虜計窘却走是歲也虜凡三寇三北不得入嘉靖

劉莊襄公天和以兵部侍郎總陝三邊至則上言邊墻

之利與先臣瓊所未備者請以時增築詔可乃悉委總兵梁震董其事修築定邊與武乾溝澗邊墻凡三百餘里而又采兵部郎許論議請以五六月候虜秋軍門駐花馬池調延綏固原奇遊騎兵依墻爲守報可亡幾虜吉囊二萬騎至定邊扼於墻不得進詭去北搶黃毛師稍懈乃遣三騎坎而登衆驚潰虜遂大舉入抵固原公斬指揮牛斗郭卿及五總旗殉會霪雨亘旬日虜剽清野無所得罷甚慮歸道泥濘墻險不可出狼狽及公調集諸鎮兵悉至周尚文以延綏之師攻其左任傑以寧

夏之師掠其右魏時以固靖之師當其前而公以大兵尾其後而勁之強弩大礮四合爭奮擊大敗虜梟其名王以下首五百餘級虜衆痛哭而去 嘉靖

大司馬史公道之在大同也修設五堡虜不得潛地而入開拓膏腴數萬[illegible]餘頃行邊出塞斬將擒王前後首功數千大邊三百里內外絕無一營帳敢住牧者每遇會兵南搶虜酋妻哭以止之令勿犯大同邊界 嘉靖

翁襄敏公萬達總督宣大時虜入宣府時總兵趙卿以隆永之役在論未得代公檄卿駐兵滴水涯又檄大同

帥、周尚文爲援、尚文得檄、方猶豫、而公亦私計之曰、此猾老雖稔兵事、得士心。然往往矜已。幸隣鎮事變。援師少延。無濟也。因上疏曰、卿獲罪無代、已令尚文東援。不若得詔旨。暫令代卿、將可促其速至耳。旨下、尚文果介而馳、未至、虜攻滴水塞矣、方卿戍滴水、聞尚文取代、付兵三千人於董暘江瀚、自歸、暘瀚故驍將、時以坐營官隨卿、因領三千兵出禦之、虜營一值前、一出背後、夾攻兵敗、二將猶揮刄力戰、殺數十賊而死、於是虜入塞、復東向懷來、而尚文之兵至焉、尚文遇虜壁于石柱村、舊列營必列木爲柵以拒侵軼其夜尚文計曰柵目可見不若穴地爲暗窖乃令人斸七窖于壁外窖深及騌大容馬蹄及戰虜馬多仆軍中發火器擊之凡二日陳百餘合虜死數千人大沮然恃其衆不歸也酋俺荅拔刀曰不勝即刎吾首乃復攻圍兩軍俱憊公計曰兵三日戰必疲不援尚文棄師也因鼓行而前會西風大作公輒索車數百輛曳柴以進塵霧蔽天虜大驚曰翁太師兵至矣解圍而遁王大司馬之誥爲廵撫時行邊適虜驟至公入一堡中避之自念虜方憩我徐引去易易

耳但目擊虜闌入而不爲之計是明我國無人也因登
堡四望無兵馬可驅策獨一大將軍砲在焉公募能用
者懸三百金賞之適父子三人應募發聲震天群虜皆
爲虀粉聞者自是以邊材歸之嘉靖
許都御史論撫山西時虜酋俺荅以四十萬衆入寇公
分部發兵遣輕騎擣其穴據險設伏夜出銳師破其營
虜狼藉分崩死傷不可勝紀已復犯龍門火石嶺公勒
標兵尾擊之至轡水鋪出虜不虞募死士持刀斧乘夜
突虜中所觸糜爛虜大潰伏兵悉起夾攻聲震數百里

火皷徹夜不絕明發殘寇衆蹌而聚號泣而遁公乘勝躡之俘馘五百三十嘉靖

萬侍郎恭爲大理少卿時適虜闌通州大臣門焉公得阜城時晝夜治軍軍不得休益困而公顧偃旗臥鼓罷刁斗令五堡而伍伍人守而四人番休肅皇微遣中貴偵狀奇之巡撫山西提督鴈門等三關時虜酋俺荅已擁衆寇龍鬚墩公至倉卒據當大寇第令伏兵扼虜歸隘孔道俟輜重至以萬砲夜擊之虜大創去公謂僚屬曰此非長算明年虜必復至吾與諸君約四條出邊以

守邊墻，勦零以過大賊，論血戰，不論損傷；重拒堵，不重首級。有不如約者誅。疏《備邊通變事宜》凡四十上。於是修墻廣穽，選兵足餉，造車製火器，備舉以待。而虜果至，諜報俺荅聚兵將搶昌、薊、延慶。公曰：「不然，此志在三關耳。」已而虜果逼三關。公又曰：「東路險阻，西路殘破，虜其志在中路乎？」諜報虜且渡河西行，公叱曰：「虜至大同朔州川矣。」已而果趨朔州。公先分布諸將，某據墻守，某出墻戰，各按部勵兵，總兵官居中調度。密召東西兩路兵趣中路迎虜。虜衆五萬，營朔州川，亘數十里，分九屯，躍馬至墻下，輒墮機穽，守墻兵抱火器逐走之。乃悉銃分犯各堡，諸將出邊擊却之。虜前鋒將趍東路，以掩不備。公遣健卒持牌大書，適虜營而馳，謬言以萬騎捍東路。賊邏得，駭而不敢東，遂合戰于老高墓。我兵列車爲陣，中堅外方，火器從車中萬孔迸發，虜騎不得入，矢無所用，遂却。而風急火反，藥燄焚車，賊復大至，我兵不利。然畏公法，諸將舍車血戰，殊死力，復多所殺傷，俺荅親姪死焉。竟不敢東趍，曳屍西奔，退營朔川。公曰：賊遁矣。命諸將分道急追之，出境，各得利而還。嘉靖范副使瑟在陜西分巡西寧道屬征羌兵既出道遇暴風起于東入於其西謂諸將曰是何祥也羌豈舍掌吉而就紅厓乎乃趨紅厓羌果至迎擊之大破其衆戮其酋長寫爾定數輩而羌平屬北虜旁塞公欲乘餘威驅之乃遣百戶李堂齎牛酒往風其王俺荅不亥曰君移部乃直武威直武威厭人耶將欲遂與諸羌合也使者乘障出士卒候望寒苦久勞君無益天子神靈諸羌豪先後既授首幸不屯備南山即所請朔方騎士亡慮三萬人尚在此張掖武威驍卒[illegible]人羌降兵萬人不合

將焉置之量君所部不滿四萬耳孰與漢卒强也即諸羌願合陣中豈得入豈得從枕席度虜乎虜無以應明日獻馬十匹謝頃之公輒出莊浪則虜在焉然業已疑公有伏兵則走黄牟抵黄羊則公在焉虜乃引去嘉靖

郭琥陝西人忠勇有謀嘉靖末任副總兵守古北口壬戌北虜十餘萬犯邊守將無敢出禦虜遂掠我人口出古北口蕩然無尾之者琥不勝憤部下僅萬人一日衣冠別其母遂領所部往追且多設伏山谷間約候虜衆稍盡即炮發伏起聲震如數萬人虜驚潰遂獲其輜重

無算奪回人口亦多及歸閉口不言功邊臣以聞朝廷嘉其功進都總兵仍守古北口等處嘉靖

馬都督芳之自虜逃歸也周武襄方鎮雲中投謁試其技容其方畧大奇之署勇士隊主督府郭公耳其名檄召問若何而戰公對曰談何容易鎮兵十萬弱小勞疢罷轉十五六壯丁十一二又分置各路其隸大將者不滿五千虜內犯勝兵率數十萬少亦數萬我以五千人委之幾爲笑而不陵我然竊覩俺答勇而輕黄台吉愎而鮮斷誠廣耳目屯要害深壘固軍以須之觀釁而動

攻不足者守有餘。庶無全勝。必無豈敗。若宣示購賞。爲勇爵奮行者。官過其望。出其不備。掩帳落而藏之。使婦于相怨。郤徒而北。亦一策也。郭公拊髀曰善。遂置麾下。力戰深入之士皆屬焉。虜寇古北口。號三十萬。諸路援兵各顧其後。莫有鬬心。公與私屬徒百人。三踊于庭。曰芳在此。敢勤他人乎。麾其騎馳虜。虜不知所爲。色駭亟擊之。斬虜將。解其左肩右角之。復斬其騎十數。虜寇歲遠伏梟騎鹽場。而以二十餘騎摩壘致師。公知其詐。我而篤也。以百騎先薄所伏。而三分其軍之銳。以次合而函。虜辟易十里而遠、斬首九十。虜寇新平、禦之、相持二日、虜退次野馬川、背山而營、期以明日戰。公料虜且遁、秣馬蓐食、潛師覆諸山下。虜騎過未半、我兵衷之、虜大亂、斬首九十六。公遽策其馬曰、追將至矣、趨守險而身斷後。頃之、虜麕至、矢三集公面、公督戰益厲、虜遂去。衆問公何以知虜遁、遁何以知復來。公曰、虜攻我不下、背山而營、懼也。期明日戰、緩我也。自動而言肆、情見力屈矣。悉衆復來者、意我勝而滋休怠、收合餘燼、致死于我也。衆乃服。虜入、禦之膳房堡、諜曰、虜牆意甚盛、且道回遠。師不繼。不如捷之速也。自某至柴抵虜穴。勢必返顧。批亢擣虛。制勝在我矣。時大雪沒牛馬目。公拊而勉之。人人如挾纊。虜以漢馬不能寒。相枕籍而寢。醒而矢如雨。一箇貫矢百群。皆奔布路而遁。斬首七十人。俺答以二十萬寇紅市。逼紫荆。師徒撓敗。督府蘇公總三鎮之甲救之。問於介衆。莫知計所出。公請據白草溝徼遮虜。蘇公壯而許之。未至里許。塵起。公大叫虜近矣。勇士劉漢曰。此遊塵耳。公指視之。塵遡風前。觸虜必非遠。語卒。虜至。見我兵寡。揚鞭傲睨如無人。公勅厲其騎曰。用

少莫如齊致效士殊死戰無一還心虜莫之亢也已還
次聞諸軍壁劉家營憂之是中無見糧攻之以饑剪焉
傾覆矣先馳趣諸將爲五陳以相離魄餉輻湊旣如是
虜怪問孰爲漢兒畫此策者遂去之虜寇龍門鈔畧稛
載三十餘里不絕公率劉漢葛奈自陽和并道至張家
口帥郝昇及諸軍軍於東門虜將三十騎縱招搖門下
公奮焉馮怒必滅此而朝食諸將恐安知并誘不少審
固立糜爛矣公笑曰虜旣饜所欲我輕兵來誘何利焉
呼葛奈往共射之矢三而已左射馬而右射人皆射股

反隊衆從之乘勝斬首七十二虜棄後重走虜寇朔州公援之夜中召徤兒十人食馬而食虜謂我大勞未艾難遽戰此將也弗可失也係馬舌出火竈潛斫虜營四面砲舉虜狂駭不測我兵多少遂潰躪北追奔斬首百五十九虜寇上下花園公下令收保清野虜無所掠而返先伏兵馬頭山塹之及泉斷其後之木而弗殊虜過之推而蹶之斬首百二十四虜寇應州公援之相去里所射士以鞭箭射虜虜多死視其箭短不可用以為神解圍去尾之斬首八十六虜寇朔州經二日大獲公率

葛奈追之，及金城，虜反距，公麾虜所獲在前，防我之侵軼也。以騎牽我，先者不力戰，後者不救。我可以逞，將注則虜闢矣。射公洑甲貫胸，血殷甲裳，衆失色，公徐丸亐抽刃而前，剄三甲首，衆莫不生氣，疾驅及虜，大衆卒不暇合，刃斬首二百八十二。虜寇柴溝，燔儲胥，驅田中芻牧者，公援之，衆欲戰，公曰：我勞寇逸，不可。虜歸必渡河，伏其旁，半涉而後可擊也。如其言，斬首百七十六。虜圍天城，督府在圍中，公甫罷柴溝之役，捉髮走，出倍日，并行天城，人見馬都督來，喜以逆之，夜縋納師，公恚曰：嬰城而守非夫也振臂而呼衝圍馬如風譁抑聲如雷城上人鼓譟應之流矢中公股拔矢反射中射者首隊於前衆席勝如墻而進斬首百二十七虜從鮎魚口出公趨黃崖口弇中僅容一騎先遣李東陽等據之我兵壓虜而陳虜自相蹈踐死戶滿谷斬二百十八級虜號二十萬薄忻州公一日夜馳五百里而舍諸軍壁日中不啓公呵之今日之事猶救火追亡容可需乎忻口隘虜騎雖衆無所用之吾士未憖也擊其首諸君分良以銜其中虜離斷必敗偏敗必攜吾難可紓矣衆踴躍從公

斷虜爲二、一自偏關、一自鴈門出、虜七遇皆北、斬首百四十六。黃台吉大舉寇西陽河、主帥李賢戰城南、中流矢、餘師不能軍、公馳射虜、殪二人、虜讙爲太師來矣、遂走、賢獲免。雲中上谷間有禦人者、充斥於道、行李積患之、使健兒馬虎等衷甲、而佯爲婦人裝、載以牛車、賊犯而遂執之、盡獲之。黃台吉寇洗馬林、覘其有備也、不得入、而有爲虜中行說輸國情者、說曰、紅門有山徑可至西山、以春時竊入、焚陵園、漢法、主將失守必誅、馬公誅、餘若發蒙振落耳。詗者以告、公往紅門、以一迴卒從誰何甌脫中虜身在此可決一戰誰敢者虜愕是馬太師耶公誶語若鼠竊狗盜以齒吾劍不武虜頭搶地具道本指所以爲者釋之黄台吉無所發忿復擁衆渡桑乾薄蔚州公設三伏於道吏遠爲疑兵募死士取車輪投津處諜轄之虜馬陷伏四起夾而殄之斬首二百五十二復大破之於馬肺山虜寇獨石公營於雲州虜以兩鐵騎挑戰公恚曰謂吾騎不可寡用乎呼馬奔葛奈兩人來飲之巵酒而往拒之各俘一騎衿甲面縛坐中軍之鼓下虜衆遥望爲寒恐遂去虜寇東山廟禦之及

其未定而薄之斬首百七十三黃台吉寇東城公以親兵斥候蹋伏而身提三百騎逆虜虜騎十萬來避之入馬蓮堡堡墻圮衆請塞之不可請登臺亦不可開堡四門偃旗臥鼓堡中寂若無人虜欲入黃台吉曰馬太師善紿人殆於不可日入虜野燒燭天囂達旦圍中人人泣下公引肱臥鼾聲達戶外衆稍安日三商不起左右撼之將若何公不答趣堡人椎牛切牛肩炙而啗之虜騎窺者相伏莫適入我兵益安明日公蹶然起坐曰虜退矣衆曰未也公乘城指虜北軍多反顧當有他謀鳴

笳吹角，按轡徐行，示之以整。諸將兵來會，謀緣間宵突之。行三十里，公忽旋馬頓足：「豎子幾敗乃公事。」任副將在右衛，其爲人也，伐知而多力，寡謀而好名，遇虜必戰，產害大矣。從近關往爲之援，則右衛已窘，擊之，斬首百六十人。諸將吏效首虜，賀將軍以三百人當十萬虜，坐頹堡中而無敗，抑有說乎？公嘆曰：「堡墻頹，馬可騰而上，雖閉門何爲？吾即出，亦不能達大軍，軍搖心矣。酋多忌，因以愚之。屬有天幸而免。」衆洒然自失也。虜寇新河口，至於柴溝，禦之，虜失利，公遽振旅。虜將更虞臺嶺，宜先

往衆曰新河口近夷虜必走是公握手曰虜非大敗不
速退舍近而走遠示我無畏也舍易而走險示我難追
也吾已斷之矣無是二言至嶺虜未盡度鼓儳而扼之
斬首二百七十一黃台吉寇右衛禦之戰於水溝臺台
吉使使來言吾兩人手相搏耳公爲夷言語其使吾髮
未燥與虜戰未得一當若固所願也台吉悔之前言姑
嘗彼彼倔強乃爾引去追之斬首六十五或爲黃台吉
謀曰宣府城不過三仞以五萬人犯蔚州馬太師必悉
兵馳援更以五萬人登宣府空城亡無日矣公知其謀

率師伐木塞外得百萬株裒宣府城匝月而畢其秋虜犯蔚州命將禦之黃台吉果寇宣府城高而堅亡如何遂去蔚州圍亦解我兵行邊至亂嶺關餓塵起衆以爲虜公審諦曰我兵也衆未信至果我兵衆請所以公語之曰虜兵行不整大軍外多遊塵我兵行有紀律無亂者塵是以異諸老將愧曰生長塞上見不及此從鎭大同嚴諸將曰大同非宣府比與我間一墻耳虜不時犯非大創艾不可將兵出右衛迹虜戰於威寧海子大破之斬首五百四十六又戰於黑山斬首三百八十九虜

寇右衛、禦之、衆請亟戰、公不可、殺猛狗者、投之以骨、輕起相牙。措之易矣、驅諸畜產郭外、虜競就取、因擊敗之、斬首百有九、虜益大震、會俺荅奪那吉婦、那吉羞憤、詣闕吏降、公喜曰、俺荅甚畏妻、妻甚愛那吉、那吉甚怨俺荅、納而用之、以夷攻夷、勢可分、南北匈奴復豐州故地、我食於彼、彼且為我守、徐倣朶顏三衛例、增置藩籬、地廣而兵力不疲、可以久安、若受款而封之、歲與為市、是肥虜而瘠我也、虜習戰鬬如故、而我不儆備、財日耗、如後患何、廟議已定、罪公阻敗、坐罷、後黄台吉要賞、聲言

渝盟、復用公宣府而定、嘉靖

都督劉公漢總兵大同、嘉靖三十九年、虜聚暠峰口、窺犯薊遼、公乘其虛、督兵自鎮河口出塞、搗虜帳于灰河、斬首二十八級、虜狼狽西顧、自邊鎮多事以來、官兵積懦、虜留巢並塞、無一敢問之者、自公搗虜後、各鎮亦往往乘間出剿、虜始懼、稍稍徙遠其幕云、居頃之、又大破虜於豐州、豐州在大同右衛邊外、係王城舊城而北、經二黑河、一灰河、歷三百里、崇山環合、水草豐美、中國叛人丘富趙全等居之、築城建墩、構宮殿、開良田數千頃、接東勝川號曰、阪升、教虜入寇、公與巡撫李文進謀、部分諸將率銳卒三千、裹糧疾馳、直入其地、麻𡚁鼓譟奮擊、斬首八十三級、生擒七十六人、焚其宮室、時富隨虜北徙、全走匿墩上、須臾虜騎大至、我兵引退、還渡黑河、追騎至、且戰且却、分哨迭戰、虜不能勝、翌日入關、往返凡五日、嘉靖

倭奴入寇、掠鳳泗淮揚、拜李公遂爲巡撫、時督府新開、百需未集、公以民困不可不紓也、於是革軍餉大戶幾千家、減排門鄉兵、禁有司科派勸借、歲省民財萬計、地

方爲之一蘇乃以次經畫戰守諸備選精銳利器械量
征調峙餱粮嚴立什五之法預定援應之規團練鄉兵
申嚴保甲以兵僦民居非便按行什伍列置營房馬肆
於教場者幾數千餘間竈釜井臼畢具使兵將相習訓
練以時酌要害奏設副總兵參將守備官及於天長儀
眞寶應諸縣創築城垣沿海造戰艦數百艘合馬步水
兵技之百具咸餙民用不擾而軍聲益振己未公方閲
武狼山諜報有賊三艘登刼公策曰曩賊所以不犯淮
揚者知有備也今賊至必非三艘我師延住海際賊大

勢合。從海門越過如臯。至鎮地。即主客倒置。根本搖。衆無所用之矣。乃馳騎一晝夜趨泰州。而賊萬衆踵至。悉焚舟登陸。如公言。公因召諸將策曰。賊若過如臯。則諸道必合。合則道有三。自泰州逼天長鳳泗。陵寢在焉。道最要。自黄橋逼瓜儀。以搖南都。而梗漕運。次之。若從富安而東。計至廟灣。絶矣。是吾得地時也。乃以海防副使劉景韶守黄橋諸路。而身當泰州之衝。時賊衆盈萬。總兵鄧城者。故稱名將。一戰敗衂。將士聞之氣奪。公奮曰苟如此。吾惟有一死謝國而已。乃擐甲手刃登壇。召將士激以忠義，曰：能與我共烈國者亟趨左，不能者聽。諸將士紛紛爭走左，一人趨左復還，若有避者，斬以徇。移檄諸營，誓必死。於是將士踴躍爭奮，縱火直斫賊營，斬金冑乘輿酋首一人，賊挫沮，遂從富安沿海堤東掠。公喜曰：吾計得矣。命海防遊擊等兵尾其後，戒以毋輕合戰，晝則稍逼之，令益前，夜則稍遠之，柱其後，務期致賊廟灣，相與共擊。而其時他賊復急攻丁堰、西亭二路，以牽我兵。公分遣偏裨，授以策，晝殲丁堰之賊于潘莊，殲西亭之賊於小麥港，而公親提大兵從間道與賊爭走淮安，夜半叩關入，人無知者，遂竟夕部署整陣以待。賊始計公方西禦，取夜至馬邏，期晨發至淮會食，猝遇大兵，以爲從天下也，遂據高阜，盡鋭以衝我師。公揮鐵騎横截其陣，賊分爲二，諸營疊出搏之，賊不支，遂大敗，斬首千餘級，殘孽奔廟灣。時視師唐公提援兵至，謂巢堅未遽下，遂捨去。公按行指示將士曰：賊所恃者，一衣帶水耳，雖堅，可計破。乃益具畚鍤，積土平塹，奪其險，撤其傷近屋，縱連砲番休擊之，巢露情見，益窘，遂殲之，賊果遁於廟灣云。公方休士計功給賞，悉罷遣所調兵，而七壆港又報有三沙之賊，一時上下惶懼無措，公獨言笑自若，召將士激諭之曰：賊以千衆陷絶地，困折江南兵數萬，氣驕甚矣，敗可俟。吾兵誠散遣諸要害，守固在顧用之何如耳。乃誘入舊塲戰地，飭諸路兵咸會需之。一戰勝賊，賊奔仲莊，追及之，再勝賊。欲西，而公預調曹濮等兵制其西，遂北，而我兵兩及之，乃奔唐家謀。唐家謀者，濱海矣。賊意無兵，而我兵復猝起，賊無一人得免者。時又有别境飄至之賊，沿海轉掠，來去無定。公計賊無多，然將士厭苦矣，乃謾言曰：賊自閩中滿載歸，以北風鼓而泊岸。非爲寇于我也。置之固無害。於是將士動於利，不謀潛往，一鼓滅之，獲其八大王孟得山者島主云。

嘉靖

倭寇閩浙，都御史王公忬提督軍務，至則奏釋在繫都指揮盧鏜、尹鳳數人，皆東南折衝將，而藉括蒼趫捷子弟爲兵。於是諜知賊衆巢據海港横嶼中，而環列巨艘爲水寨，援簇諸將，夜從間道火其巢，賊搶奔舟中，隨而擊之幾盡。忽風起勢亂，賊乃得脱。忬所釋尹鳳者，復以閩師邀餘衆於大洋，俘馘三百，賊犯松江，忬顧視盧鏜

鍠請取賊首蕭顯以報帥命卮酒壯之倍道掩擊斬其
酋餘衆潰入浙者則命俞大猷與諸將徼殺無子遺矣
嘉靖
都御史朱公紈提督閩浙軍務時閩浙被海郡數與夷
市以私其利至豪奪殺掠姦不勝公廉得其狀繇姦宄
召寇爲之偵伺急則縱飛語力能動搖國是且一二用
事者皆素庇之度不可問即力疏請先治其內乃敢任
賴　肅皇帝神明聽之遂理根排治作重劾料之旁側
目者百方沮未得卒能督兵平閩同安寇忽跡人來言

貢者在浙意叵測，即又馳至、納之舘以待命、犄搆者方導之爲變、造危語、公鎮以靜、使不敢發、益督閩將盧鏜。蹊海中趣雙嶼、等隘、合浙兵進與賊遇、疾力戰、縱火漲天。斬二酋、擒五十三人、又連戰敗之、追賊入嶼、夷其巢燔烈之、并燔艘二十七、賊流入浙、又追賊於溫盤衢處、克平之、浙以無患、而素與賊連者、愈憾百端、敗壞其功、至華、巡撫爲巡視、稍削其權、公怒、數上章廷辯、語侵執政、執政聞之、亦不善也、明年春、復偕盧鏜柯喬出洋中跡賊至詔安之靈宮澳、合諸軍設覆于山上下、千艘具進賊徒兵伏發敗走下船鎧自撾鼓督諸軍圍而蹙之覆溺殺者甚衆擒夷王三人賊首一百十二人及黑白諸番鬼凡五澳宿賊驍黠者并殲焉漳人大恐其與賊連者無所釋憾反疏言其擅殺作威公罷而諸出死力殺賊者皆　召令對簿譴責之矣　嘉靖

都御史唐公順之視浙直師策所以禦倭者謂禦之陸孰與海擊其歸孰與至不能然者文臣不習海道令水將得偷安近港縱賊登陸委罪陸將卽有擒斬不勝殘破矣因出自定海歷玆門至江陰出沒怒濤盡得險要

會哨應援、悉授成畫、已賊舟蔽洋而至、我舟師亦連亘海岸、賊見驚怖、公急督諸將捕斬之、沉舟十三、斬首百二十、俘獲無算、餘寇奔三沙、是役也、大江以南無一賊得登陸者、嘉靖

王公時槐、以僉事備兵漳南、倭犯漳浦、據後江頭土城、四出焚刼、公督兵禦之、諸倭據城、以鳥銃拒敵、倭夷精于其技、所擬無不中、士卒莫敢近、公覽諸所獻策、取鄉民車實之艸、而士卒藏其後、環城而進、鉛子遇草輒墮地、我兵舉火焚其城屋、城遂破、俘斬過半、餘倭宵遁、嘉靖

任參政環。初同知撫州。值倭寇東南。承平久。吏民不知兵革。賊至輒奔潰。公獨訓練所統民兵。與力戰。而躬介冑策馬先之。自書其姓名於腹背手足。曰。死戰。吾責也。雖然。先人之遺體不可棄也。茲用以志。庶得收瘞焉。聞者咸感泣。公又與其兵同寢食。或連日夜粒米不入口。或露宿草莽。植立泥淖中。未嘗稍自異。所得俸直及諸上官之牢醴。悉分與其兵。由是兵亦日奮。敗賊于上海之八團。方戰時。寇拔劍擊公。賴庖人某身蔽公以免。公猶被三創。既而守太倉。以積勞。疽發背。公子請還郡就醫。公叱曰。吾誓不與賊俱生。幸吾疾愈而賊滅。當與若共太平之福。否則有臣死忠。妻死節。子死孝而已。歸以是語爾母。吾不能與婦子對泣幃榻間。泯泯以沒也。會報賊至。遂裹瘡出海擊之。怒濤如山。南人習舟者皆震眩失色。公意氣彌厲。手劍麾舟師擣之。賊大敗。俘斬百餘。未幾又敗之陰沙。敗之保山。敗之南沙。賊遁去。捷聞。進公僉事。甲寅賊犯蘇。民爭走入城聚保。而門鍵不得入。民相抱號哭。聲震原野。公泣曰。城池視百姓重等耳。奈何棄之。亟命啓門。而謂其守臣。賊入者。某請任其責。

活十數萬人明日賊至以計敗之葑門乙卯又連敗之斬首六十級進公副使丁内艱部使者及諸士民連疏乞起公　詔責公大義而特贈公母爲孺人以慰公公不得已受　命明年倭寇平疏乞終制　詔可仍陞公參政以旌其功　嘉靖

倭寇浙戚繼光以參將分部台州爲三軍軍松門以待夏四月寧海告急公語監軍唐堯臣曰賊睥睨台州先發寧海直以走我兵耳留一軍軍海門居中爲應而赴寧海急兵既出賊果大來唐以海門軍破賊于新河而

寧海賊聞公至亦遁去公遂自桐巖趍台州會日中兵行七十里不得食守吏方戒城守納兵兵爭門而嚚賊且近公後至佯怒曰若等反耶賊薄城下若等呵守者爭入城即守者以狀聞無死所矣軍中語曰守者謂乃公怯耶亟須滅賊而後會食鼓而進遇賊花街一賊左挾矛右挾刃嘗我軍壯士朱珏短兵擊斬之遂張翼而逐殺十百人又逐之瓜陵江皆自沉死賊之在坼頭者焚舟起擁衆趍台州公簡鋭師千五百人誓曰若等往往用衆勝今用寡與若約者三毋掠輜重毋尚首功

毋輕殺脅從。其以前驅者。連擊賊。毋留行。後伍乃割賊頭。畢而獻狀。凡五百。予前驅者千金。七百倍之。千又倍之。餘無所與。既破賊。所獲輜重。偏賜軍中。賊未破。爭取財者死。軍中立一白幟。凡脅從者。空手伏幟下。悉放還。毋為賊樹黨也。五月朔。及大田。賊退次大田東。堅壁不出。會雨甚。賊繇間道遁仙居。公度賊出白水洋。且七十里。我兵出大道五十里而近。乃引兵伏上峯山。待賊過半。起而覆諸山下。立白幟。散脅從數百人。賊匍匐登重山。據險拒我。婁子和率諸壯士斬關上。賊殊死走白水洋兵圍之數重四面舉火賊爭自贖提金槖餉我兵我兵攻益急遂盡焚死而舟師復敗賊于仰月沙其始自海寧遁者登長沙連二千衆隘頑孤懸長沙外斷援兵公陰戒騎士李成立發松門兵守隘頑浮海以往至則登山舉火爲號公遂引兵薄賊所以正兵鼓譟進先遣奇兵出賊後焚其舟賊敗爭赴舟舟盡焚其半伏誅其半蹈海死部中悉平嘉靖

倭陷興化俞公大猷馳赴之時上怒督府失泉城責戰急而閩士大夫又洶洶急功公念賊且萬人能戰入死地

官軍數僅相當若迫城而攻之彼實我虛彼飽我饑彼逸我勞一挫而東南之事去矣不若列營以困之彼欲攻柵以遁則彼虛我實彼勞我逸彼饑我飽而我師犄角取之可使孑無遺於是星布兵營畫地鑿溝令東西通而列柵其上賊挑戰不動閩士夫訟共訴病之已竟殲賊倭三萬寇潮州詔移鎮潮廣公請于督府都御史吳桂芳曰韃賊以出邊爲生路山賊以歸巢爲生路今潮兵驅賊入益深益深則益以鬬耳是死路也當大集精兵十圍五攻無使片甲得還如兵力單皆不勝又散

之令得遁去。則遷曠日久。爲勞費無已也。吳公然之、遂調漳兵二萬、賊分住淞水、蘆淸、相爲犄角、欲專攻淞水、又慮蘆淸賊出兵之後、公乃爲一陣、以當蘆淸、益嚴軍令進攻淞水、賊閉門、乃引兵佯却、誘賊出巢、擊之、斬首一千四百、蘆淸賊懼、窮日夜行二百里、走至九龍山、公既有狼兵堵其前、自率參將湯克寬王詔共追及、大破之、擒斬千三百餘級、嘉靖

都督劉公顯、嘉靖三十四年、鎭守江南、三十六年、倭犯淮揚急、大司馬張公檄公守浦口、無何、白大司馬曰、賊

性貪惏輸掠既衆其欲已盈必無南今去者半其在泗州者需亦去耳不如擊之顯留此不如自效也大司馬許之會御史馬公移書辟公乘傳謁御史御史喜命具饗饗公公曰賊在顯不咽食也請爲君滅賊還饗耳五月乙卯與其家甲驅至安東諜之賊艘二十九賊衆時脅從散去簡人人倭也遺公讀書公笑曰賊素易我且歸則志惰此可襲而待也遷伏甲岡下躬率四騎薄賊艘詬之賊出公叱三騎使前以身殿斬一人以狗且戰且却射馬中矢馬駭公下馬抉鏃賊卒馳公前公躍馬

斬馳者賊至岡下弩發賊多中弩者乃引去甲欲逐之公曰日旰矣勿逐也賊言焚民廬以摧我公卽先自焚賊縱所俘美女子以蠱我公戒毋犯悉縛送有司公度夜當雨謂甲曰我露宿是彼以逸待我也乃違岡十五里軍焉選人持火器潛涉賊艘賊數驚徹夜不得寢厥明援桴誓衆公執一幟以號于衆曰汝官軍有能敢勇殺賊樹功勳者立此幟下得三百人曰我前拒汝爲後勁命甲四十人塞隘巷之衝每巷以五人守五人巡曰賊出汝踣命甲六十人分四部伏岡下曰賊潰汝擊命

三巨艦積葦泊上流曰賊艘汝燔右之虛營以張其勢
左之疑兵以分其黨復令數人升屋而譟曰獲賊矣獲
賊矣既誓乃陣賊自巷出者連斬四五人遂不敢復出
退語其魁魁怒摘冠揮袒左手持刃右手持扇登岸麾
賊衆蟻轃矢集如雨公單騎遇之格者半掇者半矢盡
又張其鋭圍公弗克公射賊輒殪賊氣稍奪公曰彼衆
我寡不先磔其魁則衆不攜也迺一呼突賊壘斬前隊
二人直擣鼓下斫指麾者自頂至踵裂其尺出賊陣後
賊衆披靡相怖以目甲四起夾擊之斬獲甚衆賊大潰

還奔舟，舟焚，公追至舟上，盡斬之。文擒一魁名五大王者，亦斬之。溺水死者不可殫計，淮倭悉平。公不胄不介，遇敵提兩刃騰躍超踴，矯捷若飛，刃起見刃不見公。淮民自河上觀者咸咄咄曰：神人神人云。嘉靖

矜僉楊尚英初起行閒，與倭遇，大小數十戰，多有功。其巡海也，嘗以三翼舸猝遇倭數百艘，衆寡不敵。公令聯舫爲方陣，戒士持滿毋輕發，賊出叵測，引去。其以舟師破賊于南沙、吳淞、馬跡、寶山，斬獲俘虜無筭，至推級以予故太倉守熊公及兩衞使，俱獲論贖，且遷。大軍扼賊

艘于三沙，凡四十，忽盡匿。師謂公賊遁乎。公曰：我師亘百里，刁斗相望，一苓箐不能越，而四十艘乎？沙多蘆，其內有棲麥，此必伏蘆中就麥，伺我惰而後潰圍走也。師曰：善。令公跡之。果伏蘆中，乃揚金鼓，狀若焚蘆者。賊果蝥舟出。公舉幟大呼，矢石齊奮，賊無得脫者。公熟于海道。舟嘗以夜發，公臥艙底，耳水聲，即辨爲何洋，不爽也。每颶作，舟子虩虩且嘔，而公手粱肉大酒，飲啖愈壯。吏士賴以無恐。吳淞江之役，公方與賊鬭，所駕鬭船高于屋，以淩賊，賊不支。公忽謂曰：是速備吾下。賊果蒙盾穴

水間、鈎其髮致之、大斧夾斷其首、以殉、遂大破賊。嘉靖

嘉靖間、島夷暴起、剽浙東西、海濱城十九陷、督府檄黎公鵬舉統閩舟師爲援、至則驅昌國冦、復其城、烈港夷慓悍、諸將輒壁、不肯與戰、待諸路兵集、公奮曰、夫民困厄、父不寧子、兄不便弟、不救、將從賊、請帥偏師爲先、諸將壯之、以舟師翼、大小數十戰、連破之、後先解八圍、夷冦上海、閩蔡公撫江南、召公浙帥、畱閩卒、而以土兵委之、上兵者里豪集鄉子弟、名曰義兵、長曰義士、義士沾沾自喜、多易犯禁、欲斬者再、銜報未發、至上海、與夷戰

夷陣堅未易入公矢中酋目連射殺數十人夷亦射公矢如雨格之以弓悉墮地夷駭爲神望公矢伏地避乃勒麾下短兵居前持滿無發以疑之俟其避伏兵突其前披靡莫敢枝梧殺數十百人奔還舟而有張簡技領兵來聞已捷僞爲夷挑我師師驚義士偵知之率其衆潰舟中夷復嘯聚侵軼我而簡校兵潰公獨與家丁數人殊死戰家丁死畧盡有蕭三者願負公逃公笑曰我豈逃將軍哉蕭願與公俱死公曰無益若歸報吾母已倍親而仕身固當奉職死節官下母幸無憂與所佩刀

以此出重圍蕭既遠三夷前相迫公操刀室睨之夷辟易更呼十許人刃亂下及頸身受八創踣地垂首沙中所服甲鐵護項盡斷倭以爲死視其背作數語不可解坌以刃血去事聞　上嘉其忠勇賜金帛逾年創愈擢守備汀漳夷屯漳浦後江土城督兵攻之夷登城矢石交下公設伏於郊而用牛車載草蒙以抵城夷出迎戰戰佯北既入伏夾而廢之斬首數百已爲雲梯衝城破其穴無噍類矣已奉檄守萬安鎮扼五虎江薄夷于險敗之夷焚舟登岸趨洪塘倍日并行襲之入戰八克夷

乃遁福州幾危而復安擢叅將諜者言夷當寇泉州提銳師間道先阻洛陽橋而陣白辰至午殺賊多賊却或請逐之不可彼衆我寡今出不意幸而集逐之或綴我而分衆涉水向城城必克矣我入城城中人情定我逸彼勞可取也既入分門設備賊槩至莫能仰攻而數出奇兵刼其柵賊無所得食轉寇永寧同安蓐食往赴復大敗之已復攻夷于三沙澳以一昔至夷猝不知所爲公令一軍從焰山出其後夾攻火巨艦禽斬五百六十餘人焚溺無算嘉靖

都御史溫公景葵經畧薊遼虜穿塞入黃土嶺號二十餘萬公躬督諸軍擊虜斬前鋒一人以狥虜稍却公策虜南下不利必折而東宜急備關其夜虜果攻關時我軍已先守陴一虜先登及雉我軍斮其脁墮虜不敢逼而退公因乘虜不戒夜出勇敢士襲擊其營虜內驚自相蹂踐因大克獲　隆慶

揮僉李文始以千夫長統燕河標兵未幾青山遭虜創殘甚擢公提調蒞任越宿乃元宵也幕客請歡賞公謂黠虜知我令節酣飲不有乘此月明而爲狗鼠者乎中

宵果入界嶺口而掠朱家莊公即挺身往斷其歸路遇於巔月皎無虛矢虜辟易而竄遺所掠男婦癸亥虜大寇墻子嶺我兵大敗鄭官屯奉檄督灤東兵追虜至檀州遇一酋薄壘單騎逾垣而追之誤投嶮巇馬蹶而仆復上馬追及大營斬之賊遂北以血戰陞授都指揮僉事隆慶元年虜大寇界嶺至撫寧奉檄督主客兵馳往營未立虜勢重咸振恐公獨擱曰我兵不滿萬餘而虜且十倍若不安營待之鄭官屯在是矣帥從之立營俄而虜大至四面圍繞公大呼曰今日之事縮則等死何

不萬一求生。報國爲壯士耶、衆皆奮、三晝夜被攻、傷衆甚、而虜傷於火器亦然、燄東風大作、而南角不戢、人爭避之、虜乘虛入三十步許、公見大驚、請於帥曰、虜既潰我角、營能堅守乎。宜徵兵奪壘拒之。不者屠矣。帥瀕首張目不能言、公急拔其纛大呼、曰若輩不隨我守南角。事寧。軍法不貸。然隨行者僅百餘人、矢如雨、莫能立、乃取空舍磨盤爲楯、豎於壘旁、衆始稍厝足、設大砲壕外連發、中百人、虜圍解而去、尾之石門、將抵拿子谷曰虜進口旬日氣惰志驕而鹵重。今出口過半半而擊之法

也率勇士百餘跳營往適虜戰大呼而前六衂之俘級二千餘斬渠魁一　隆慶

都督同知張臣故楡林健兒也矯健精悍搏戰常陷堅擢爲隊率同千夫長劉朋守黃甫川朋遇虜喪馬被圍單騎馳救射虜中其魁奪虜馬載朋歸已代朋爲長累功遷宣府膳房守備虜大衆入我兵寡環攻臺上相支以日欲生得公公召麾下酌水爲酒飲而歌呼虜莫測所爲不敢登臺夜分決道出從境外取捷徑歸當事者奇其胆畧遷延綏遊擊防古北口丁卯秋東虜土蠻十

餘萬入界嶺口、奉軍府檄、領精兵千人、晝夜兼馳以援、比至燕河、而遼援兵亦入山海關、虜在撫寧迤南飽掠、繇拿子口出、阻溝塹、猝回、於平山迤東據險迎敵甚銳、諸營奔追既疲、爭守保避舍、公衆亦未集、乃與部使者、亟集轅成列、疊尸附其外如墻、而伏。守賊疑不敢逼、遂獨出其不意先登邀擊之、獲級而圍解、微公諸軍莫不殆、虜遂宵奔、折而東、京陵乃不震、軍府命合營爲三路遥尾之、虜及俘二十餘萬、諸軍覩望不敢先、公曰、虜雖衆。抄鹵斮衍徯路。以我易與。擊其惰歸。時不可失。國家養士謂何。無一矢相加遺。竊耻之。願爲諸君刷耻。帥疾聲揖之。君志大言大。何籍吾等。公忿心脹胆。氣如涌泉與其部呼天爲誓。公馳而踴躍從者竟六百人。乃麾蹊間道躡而要擊之。淩晨立斬執旗一酋。虜懼。亟趨北。爭踰隘嶺。而臨深壑。曰棒棰崖者。高十丈。袤三里。虜崩弛墮崖。炊塡溝澗與崖平。殘傷無幾。號哭風竄。獲其馬牛器無算。遠兵諸營聞而爭趨。各就鉤取級八百三十六。爲壓棄者尚衆。自有鎮來。功爲多矣。遼撫奏功。不以公居最。衆論譁。紀功者復最之。陞衛衙爲指揮使。後公鎮甘肅虜酋吉囊火落赤真相渝盟數寇洮河西寧羽書告急特遣大臣出經畧戰欵所宜公力主戰先爲警備會酋卜失兔夜犯永昌公身率衆夾擊手斬其梟將臂中流矢忍痛不言士殊死戰我兵矢亦中卜失兔劇甚棄其輜重走誅其愛女與當户且渠之屬十許人公曰吾知虜不能爲兵矣徼極可進取也當事者言窮寇勿追追則還致死後兵不繼懼生得失虜復陽乞欵遂罷踰年虜寇鎮番公與子承胤拒之斬百餘級遂北出塞外臨西海不見虜焚故所賜虜仰華寺而還隆慶

顧侍郎養謙撫遼東時東虜炒花把兎兒合西虜犯遼蒲瀋汎河諸堡公與大帥李成梁拒却之斬首百餘級而北虜土蠻把兎兒諸酋蟻聚遼南界兩河間連亘千里寇舊遼陽公曰諸鎮餌虜幸旦夕無患非大創不可乃與成梁計分兵爲二一潛出塞外繞虜營後一當其衝夾擊之以降虜哈亥爲導而戒軍中持糒醪不舉火銜枚疾趨二晝夜次可女恭虜迎戰二陣兵合呼聲震地賊倉卒驚走我師斬級踰千他俘獲無算東夷那林猛骨二酋與夷婦溫姐爲擒欲連西虜訌內地公謂成

梁。此吾屬夷。而有二心。不可長也。故縱所禽那林孛羅輩示之撫而討廩夷婦子母爲間北關那卜諸酋始嘆唶不敢發公乃引兵出開原壓壘而陣二酋擁三堅城矢石交下我兵以飛礮擊其外那守城者多洞胸炊遂拔其二柵斬首五百餘級酋窮蹙請降乃釋之萬曆來參議經濟備兵松藩松藩控虜護番蜀西偏也時火落赤擾洮河間虜王以其衆西徙相與聯絡　上命尚書鄭公洛經畧關隴烽燧達於松州公奉檄以八千人守高乘塞益用茶馬招輯諸番部諸部懽附虜失耳目卒解而去公有助焉始緣邊以衛士戍尩弱不足用公簡汰更募土兵符伍甚飭黒虎番目阿呼攻剽二堡西土震動公討曰茂州去成都千餘里請而濟師往返曠日所謂揖讓救火也遂以便宜發兵萬人使副將朱文達將之疾趨茂州番不測大兵至皆潰走生擒阿呼斬獲甚衆寧陽侯陳公懋鎮守寧夏有報虜酋馬哈木死者公未之信曰是欲懈我邊備也即申飭諸將固守已而虜衆果來見有備而退　萬曆

張僉事時在山西備兵獨石是時邊戍久空動倚客兵

爲援其實首鼠伏匿不敢戰公始請罷客兵復屯戍益募壯士教練之久之西北傳舉烽言虜酋黄台吉且入寇公私與部將計曰虜入必先掠龍門龍門者宣府之右臂也龍門失守虜必乘勝南下逼近紅門此其爲患不小乃自選騎卒得七百餘人趨援龍門俄而虜果大至凡數萬會日暮分屯夾道爲營營長可數十里公復私計曰虜至不知我有備且賊雖衆屯夾道道狹難猝聚可掩擊也因出死士數十人夜襲虜營營中大亂首尾不相救盡獲騾馬牛羊以歸台吉大駭黎明悉衆來

攻龍門公令集民間車環以爲營以五色綵繪畫龍文衣車上出城中老弱守之而以精騎自將而前與台吉戰大破台吉兵於龍門之野我兵銳甚往往持戟入虜壁斬騎將騎墜輒刺殺之有捕虜者謂台吉我累歲盜邊莫我抗今若此固憤不肯退及遥望見後車車畫五綵龍文勢甚壯望之如山業思爲遁計適城中樵夫爲虜所得問得虛車狀虜乃大笑復奮我兵戰殊死不可敗相持至暮所擊殺無數虜因罷去卒保龍門　萬曆

李襄毅公化龍撫遼時遼虜炒花等知我兵以征倭疲

分東西道、期廣寧南合圍、公策西虜卜彥衆數萬、難與爭鋒、所躭躭在右屯、右屯有備、足自保、東虜炒花把兎衆財萬餘、併力禦之、必敗、偏敗、西可不戰走也、東虜五日不出、公策之、更遲兩日、虜合、我兵奪氣、將何以戰、下令退兵、覆鎮武堡、虜至、見無兵、鼓掌而笑、率衆疾驅過之、未半、覆四起、呼震天、虜駭而奔、斬首四百有奇、明日、西虜至右屯、張穹廬城隅、指揮傲睨、又分衆犯懷武、綴我師、而守者先於城外築墻、墻外濬濠、濠外多品坑、攻五日、技窮莫如何、公又募敢死士二百人、襲其營、虜懼

而却、又連敗之、其小醜怨酋長、乞市、許之、遼人乃得安枕臥矣。萬曆

倭寇朝鮮、王師救之、郎中劉黃裳爲贊畫、共李將軍如松畫策、平壤箕子舊都也。而城乘山。又箕子墓旁多茂林可伏。倭守小西門。從別道進。出其不意、可以逞矣。平旦、衆薄城、倭果守小西門、我師攻東南、鼓聲震天、城頭石弩雨下、募敢死士援梯鉤而上、殺數人不退、倭悉衆來拒、伏者趨小西門、有赤幟出堞上、問爲誰、曰某某先登、益陽攻其堅、陰蹈其瑕、公所指麾也。是日大風雨晝

寘、湏水爲沸、斬首一千六百級、倭北走大同江、先使人斵江水、溺死者無算、追及開城、復斬首數百級、已阻臨津而陳、倭收餘衆奔王京、碧蹄去王京三十里、李將軍將騎數十縱、倭邀之弇中、矢且盡、公聞馳援、射殺金甲酋、圍甫解、倭僞爲書約矢射江畔請降、公知其紿也、經略宋公議稍左、公奮曰、必獻王京而復王子。乃可。不然者。人之稱斯師也謂何。雨久、餉不繼、公拊馬而秣之、使肥者居外、圍城小示隙、開道、倭乃宵遁、逐之、逾釜山、入金海島以去、萬曆

五卷終